高职院校课程思政建设探索与实践

——以成都职业技术学院“成职模式”为例

杨莉　李丹　杨扬　左莉　缪礼红　薛佳／编著

西南交通大学出版社
·成　都·

图书在版编目（CIP）数据

高职院校课程思政建设探索与实践：以成都职业技术学院“成职模式”为例 / 杨莉等编著. —成都：西南交通大学出版社，2022.8

ISBN 978-7-5643-8809-6

Ⅰ. ①高… Ⅱ. ①杨… Ⅲ. ①高等职业教育－思想政治教育－教学研究 Ⅳ. ①G711

中国版本图书馆 CIP 数据核字（2022）第 136710 号

Gaozhi Yuanxiao Kecheng Sizheng Jianshe Tansuo yu Shijian
——Yi Chengdu Zhiye Jishu Xueyuan “Chengzhi Moshi” Wei Li

高职院校课程思政建设探索与实践

——以成都职业技术学院“成职模式”为例

杨莉 李丹 杨扬 左莉 缪礼红 薛佳 **编著**

责任编辑	赵玉婷
助理编辑	杨 倩
封面设计	墨创文化
出版发行	西南交通大学出版社 （四川省成都市金牛区二环路北一段 111 号 西南交通大学创新大厦 21 楼）
发行部电话	028-87600564　028-87600533
邮政编码	610031
网　　址	http://www.xnjdcbs.com
印　　刷	成都中永印务有限责任公司
成品尺寸	170 mm × 230 mm
印　　张	11.75
字　　数	204 千
版　　次	2022 年 8 月第 1 版
印　　次	2022 年 8 月第 1 次
书　　号	ISBN 978-7-5643-8809-6
定　　价	58.00 元

FOREWORD

序言

百年大计，教育为本。以习近平同志为核心的党中央高度重视教育事业发展，把教育摆在优先发展的战略地位。党的十八大以来，习近平总书记就推动教育发展的重大问题，发表一系列重要讲话，作出一系列重要指示批示，提出一系列新理念新思想新观点。习近平总书记关于教育的重要论述，是系统科学的新时代中国特色社会主义教育理论体系，为做好新时代教育工作提供了根本遵循。

习近平总书记在全国高校思想政治工作会议上明确提出，高校思想政治教育工作“要坚持把立德树人作为中心环节”，强调“要用好课堂教学这个主渠道”，各类课程要与思想政治理论课同向同行。随后，中共中央、国务院印发《关于加强和改进新形势下高校思想政治工作的意见》（中发〔2016〕31 号），中共中央办公厅、国务院办公厅印发《关于深化教育体制机制改革的意见》，贯彻落实全国高校思想政治工作会议精神。在党的十九大报告中，习近平总书记围绕“优先发展教育事业”作出新的全面部署，为新时代不断推进教育改革发展、大力提高国民素质指明了方向。2017 年 12 月，教育部党组印发《高校思想政治工作质量提升工程实施纲要》（教党〔2017〕62 号），明确提出：“大力推动以‘课程思政’为目标的课堂教学改革。”正式开启了我国高校以课程思政为抓手的教育教学改革，全面提升人才培养质量。

成都职业技术学院是成都市人民政府举办的公办全日制普通高等学校，是中国特色高水平专业群建设单位、四川省高水平高职学校和高水平专业群建设计划 A 档建设单位、教育部高职高专人才培养工作水平评估优秀级院校、国家（示范）骨干高职院校、全国深化创新创业教育改革示范校、国家优质专业高等院校。学校坚持以习近平新时代中国特色社会主义思想为指导，坚持贯彻落实习近平总书记关于教育的重要讲话精神，坚持理论提升与实践创新同步推进，坚持将课程思政建设作为贯彻落实立德树人根本任务的主要抓手，在顶层设计、示范引领、师资队伍、理论研究、实践推进等方面取得了丰硕的阶段性成果。

我校就课程思政相关研究先后出版专著 6 部，发表核心期刊论文 14 篇，获得省（市）级社科奖 4 项；立项四川省 2018—2020 年高等教育人才培养质量和教学改革项目重点课题，四川省职业教育教学改革重大项目；荣获 2021 年四川省职业教育教学成果奖一等奖；立项首批国家级课程思政示范课程 1 门、课程思政示范教学团队 1 个，省级课程思政示范课程 9 门、课程思政示范专业 1 个、课程思政示范团队 2 个，校级课程思政示范课程 160 门。我校出台的课程思政建设系列实施方案被国内 20 余所高职院校借鉴应用，并经国家教育行政学院等平台在全国推广，被国家、省级主流媒体报道逾 100 次；承办课程思政名师论坛 5 次，中心成员应邀到北京、上海、广东等地开展培训 40 余场，累计培训教师 2 000 人次以上；本校受益学生 16 000 余名，辐射共享外校学生以及社区群众逾 8 000 人次。实践证明，具有鲜明高职特色的课程思政建设“成职模式”能有效推动学校内涵发展，助推教师能力提升，示范辐射效能显著，为全面推进高职院校课程思政建设，全面提升人才培养质量提供了可复制、可推广、可应用的课程思政教学改革方案。

本书是成都职业技术学院课程思政建设的又一阶段性成果，由我校课程思政教学研究中心主任杨莉，中心组成员李丹、杨扬、左莉、缪礼红、薛佳共同编著。本书在编写过程中得到了成都职业技术学院的领导和同仁的大力支持和帮助，在此表示诚挚的谢意。限于编者的学识和水平，书中难免有疏漏和不当之处，敬请读者批评指正。

编　者

2022 年 1 月

CONTENTS

目 录

理论研究篇

实践探索篇

◇ 建设方案 ◇

◇ 建设标准 ◇

◇ 典型案例 ◇

经验总结篇

理论研究篇

课程思政视域下全面提升高职院校教师教书育人能力探析

李 丹

（成都职业技术学院 四川 成都 610041）

【摘 要】实施课程思政的关键在教师，高职院校的教师要不断提升育德意识和育德能力，不断提高教学质量和育人功能。本文分析了课程思政背景下教育教学改革的基本原则，提出了教师教学能力构成的四大要素，从培养机制、发展机制、激励机制和保障机制四个方面探析了教师教学能力提升的有效路径。

【关键词】课程思政；高职院校；教学能力

为推动职业教育健康发展，2019 年，国务院印发了《国家职业教育改革实施方案》（简称“职教 20 条”）。“职教 20 条”是新时代中国特色社会主义职业教育的纲领性文件，为我国职业教育的改革指明了方向，提出：“要将标准化建设作为统领职业教育发展的突破口，落实立德树人根本任务，努力实现职业技能和职业精神培养高度融合。”课程思政是一种教育理念，认为高校的各类各门课程都承担着立德树人的职责，其主阵地是课堂，而用好课堂教学主渠道关键在于教师，这就对教师教书育人能力提出了更高要求。

[基金项目] 本文系成都职业技术学院 2018—2020 年高等教育人才培养质量和教学改革项目“‘课程思政’视域下全面提升高职院校教师教书育人能力研究”（项目编号为：CDJG012）的阶段性研究成果。

[作者简介] 李丹（1984—），女，四川彭州人，副教授，成都职业技术学院教师，主要从事思想政治教育研究。

一、课程思政背景下教育教学改革的基本原则

（一）价值引领原则

当前，中国处于近代以来最好的发展时期，世界处于百年未有之大变局，两者同步交织、相互激荡。在这种时代背景下，特别是在多元价值文化的渗透冲击之下，青年大学生群体有了更多关于学习价值、社会价值和人生价值的困惑。课堂教学是实施课程思政的主渠道，是回答高校教育“为谁培养人”的关键所在，是立德树人的重要基础。

（二）能力本位原则

高职教育与一般高等院校相比，其主要特点在于更加强调职业与市场的需求配比，更加重视职业能力的培育。“职教 20 条”明确指出：“职业教育与普通教育是两种不同教育类型，具有同等重要地位”，要“着力培养高素质劳动者和技术技能人才”。所以，职业教育所强调的“能力”并不单是技术技能的片段，而是与职业需求相关的各种思维、情感、人格、意志和技术技能有机整合的能力系统。“能力本位”是当前我国高职院校课程改革和教学模式重构的主导方针，各校在充分调研和论证的基础上，构建起与“能力本位”相适应的人才培养方案，是回答“培养什么人”这一根本问题的重要举措。

（三）渗透融入原则

习近平总书记在学校思想政治理论课教师座谈会上提出了“八个统一”，其中，“坚持显性教育和隐形教育相统一”为课程思政教学改革提供了基本遵循。也就是说，要在理直气壮开好思政课的同时，坚持渗透融入的原则，将思想政治教育融入各门各类课程教学的各个环节，使得各门课程“守好一段渠、种好责任田”，都能参与到学校育人的过程当中，形成一个完整的课程育人体系，潜移默化地坚持全员全程全方位育人，用习近平新时代中国特色社会主义思想铸魂育人，从而达到立德树人的根本目的。

（四）整体培育原则

高职院校应建立以思想政治理论课为核心，以通识课程为骨干，以专业课程为延伸的一体化教育体系，既发挥思政课在社会主义核心价值观教育中的核心作用，又结合通识教育和专业课程的育人功能，形成多学科优质师资协同育人良好局面，实现“立德树人”的教育目标。各类各门课程都要深入挖掘课程中蕴含的思想政治教育资源，诸如价值观、人生观、道德观、科学精神、工匠精神、职业道德、职业素养、中国传统文化、创新创业等丰富而广泛的内容，将思想政治教育元素融合于课程教育内容之中，作为课程教学的重要内容和学生考评、教学评价的关键指标，并将其纳入课程标准体系和人才培养体系之中。

二、高职院校教师教学能力构成的四大要素

（一）政治导向能力

既然“价值引领”是中国特色社会主义高校课程的内在属性，那政治导向能力就是高职院校教师的首要能力，这一能力主要表现为政治素养。具体而言，政治导向能力首先要求教师“讲政治”，在事关政治原则、政治立场和政治方向上始终与党中央保持高度一致，在政治引导、政治辨别、政治阐述方面，以及高尚的师德、强烈的责任感和教育使命感等方面具有优秀的素质。高校是各种思想交流对抗的主要场所，也是意识形态斗争的前沿阵地，形形色色的信息、观点和思潮不断冲击甚至改变着大学生确立“三观”的标准。这些信息或辩证或偏激、或宽容或刻薄、或正面或负面，教师要旗帜鲜明地与各种错误思潮作坚决的斗争。

（二）德育资源整合能力

课程思政教育改革理念要求教师能够深入挖掘课程教材中育人的价值元素和价值功能，梳理整合德育资源，努力实现德育与智育的有机融合。这一能力并不是对德育元素进行简单的归纳总结，更不是“填鸭式”地在课程中“强行植入”德育元素，而是建立在以学生为中心，关注学生内在德育需求基

础之上的。例如工科类专业课程要突出培育求真务实、勇于创新、精益求精的工匠精神；经管类专业课程要以其人文精神感召和规范学生行为，不断提升学生的综合素质；医护类专业课程要突出职业道德和贯穿“南丁格尔精神”，着力培养出具有爱心、耐心、细心和责任心的高端技术技能型应用人才。

（三）教学设计能力

教学设计能力是指对课程内容进行知识的组织、加工、提炼，以达成教学目标的能力，具体而言，包括教学目标设计能力、教学内容设计能力、教学方法设计能力、教学模式和策略设计的能力等设计活动的能力，这些是教师综合能力的具体体现。课堂教学的质量与教师的教学设计水平密切相关。教育部原部长陈宝生在2018年教育部马克思主义理论研究和建设工程重点教材修订工作推进会上指出：“要认真研究党的理论创新成果与各学科专业理论知识的融合方式，既不能做‘披萨饼’，也不能做‘三明治’‘肉夹馍’，要做成‘佛跳墙’‘大烩菜’，真正将习近平新时代中国特色社会主义思想融入教材之中。”

（四）信息化技术应用能力

有研究表明，大多数教师已经初步具备信息化教学的基本能力，但是具备较高应用水平的教师比例偏低，特别是教师借助信息技术创新教学模式的能力，以及信息化教学研究的能力还有很大提升空间。整体来看，目前高校教师在信息化教学能力方面距离国家提出的“信息技术与课程教学深度融合”的目标仍有不小的差距。信息化技术应用能力主要包括两个方面，一是处理信息的能力，即运用现代信息化技术对各类信息进行筛选、检索、处理和整合；二是应用信息技术的能力，即对现代信息化教学资源的设计、开发、实施和创新的能力。

三、提升高职院校教师教学能力的有效途径

（一）强化培养机制，提升育德意识

实施课程思政的关键在教师，高职院校教师要深化全员育人意识，转变

教师重知识传授和能力培养、轻价值引领的观念，引导教师树立课程思政的理念，以思想引领和价值观塑造为目标，带动广大教师既教好书，又育好人。首先，注重教师马克思主义理想信念的培育，可以鼓励教师通过原著阅读、党课培训、讲座报告等学习马克思主义理论，树立马克思主义立场观点，自觉以马克思主义为指导，不断加强社会主义意识形态对教学科研的价值引领。其次，要将教师的理想信念教育放在首位，引导广大教师坚定拥护中国共产党的领导，坚定中国特色社会主义道路自信、理论自信、制度自信和文化自信，不断深化教师对思想政治教育工作的认同感、责任感和使命感。最后，要加强基层党支部的宣传引领作用，以师德师风和职业道德的建设为主线，充分发挥基层党支部的战斗堡垒作用，引导教师以德立身、以德立学、以德施教，明确育人责任，提升育德意识。

（二）强化发展机制，增强育德能力

首先，高职院校应搭建校（院）级课程思政科研平台，鼓励教师从教育教学改革理念、教学方法创新、德育元素挖掘、课程融合途径等方面进行理论研究，同时创设校（院）级课程思政精品项目，从试点到推广，从理论研究到课堂实践，从校（院）级精品课到省（部）级示范课，逐步打通课程纵向发展通道。其次，要做好通识课教师、专业课教师与思政课教师的“对接”工作，打破专业壁垒，打通课程横向“对接”渠道。比如通过基层党支部的“党建联建”、教研室的互动交流等方式相互了解各自课程的基本规律和课程目标，共同推进“协同育人”。最后，可以通过开展“传帮带”活动，由老教师向青年教师传授在实践教学过程中积累起来的经验，同时还要分析青年教师授课过程中存在的不足，然后找出应对策略，这对于育德能力的提升具有明显的促进作用。

（三）强化激励机制，完善考核评价

1. 建立合理的评价机制

探索和建立课程思政评价指标和量化体系是课程思政教学改革的关键所在，因为只有通过数据等客观信息及时反馈课程实效，才能做到有的放矢、

有效整合。例如设立"'课程思政'一页纸管理清单"，全面梳理课程中的思政元素和德育资源，并标注到对应的知识章节中，选择恰当的教学方法和教学策略，并在课后记录教学实施效果和教学反思，力求做到教学内容讲政治、教学方法讲科学、教学手段讲故事。

2. 建立有效的激励机制

建立有效的激励机制是促使教师逐步提升教育教学能力和课程思政能力的重要途径。例如通过"说课""讲课""教案设计"比赛展示等多种方式让教师展示教师风采、分享课程建设经验，同时采用多种成果方式及时反馈教学效果，例如专著、论文、讲义（PPT）、学生作品、案例选集等，并将教师课程思政建设成绩纳入教师考评体系中。

（四）强化保障机制，加强制度配套

教育行政部门和学校党委在大力倡导并推行课程思政建设上发挥着十分重要的作用，在这方面，上海的经验值得借鉴。早在2014年，上海就启动了课程思政的试点工作，其中整体试点学校12所、重点培育学校12所，一般培育学校34所，给予每校20万元至150万元不等的经费支出，并连续投入4年。在经费和政策的充分保障下，上海构建了以思想政治理论课为核心、综合素质课程为骨干、专业课程为支撑的三位一体育人"同心圆"。上海所有高校全覆盖开展专业课程育人改革，每所学校至少选择两门专业课程开展试点，同时根据不同专业、不同年级的学生特点和需求，实现分类、分层、分级的教学模式，形成了以数10门"中国系列"精品课为骨干，300余门综合素质课为支撑，1000多门专业课为辐射的"协同育人"同心圆，为"课程思政"与"思政课程"的"同向同行"绘制了上海"路径图"，也为新时代课程思政建设提供了案例。

参考文献

[1] 成桂英. 推动"课程思政"教学改革的三个着力点[J]. 思想理论教育导刊，2018（9）：67-70.

[2] 潘瑞姣，李雪，桑瑞聪. 课程思政背景下高校教师育德意识与育德能力培养浅析[J]. 大学教育，2019（11）：204-206.

[3] 卢杨，刘芳. 高校课程思政建设的关键点位思考[J]. 高教学刊，2019（23）：164-166.

[4] 朱广琴. 基于立德树人的“课程思政”教学要素及机制探析[J]. 南京理工大学学报（社会科学版），2019，32（6）：84-87.

[5] 胡华. 高职院校“课程思政”建设的价值意蕴与路径探索[J]. 当代职业教育，2019（6）：88-95.

[6] 李丹，蒋家胜，任心甫. 论“价值引领、能力本位”视阈下思想政治理论课教师教学能力的培养[J]. 毛泽东思想研究，2016，33（5）：153-157.

[7] 韩锡斌，葛文双. 中国高校教师信息化教学能力调查研究[J]. 中国高教研究，2018（7）：53-59.

新时代高职院校培育“工匠精神”践行社会主义核心价值观路径探析

李　丹

（成都职业技术学院　四川 成都 610041）

【摘　要】党的十九大提出要以培养担当民族复兴大任的时代新人为着眼点，建设知识型、技能型、创新型劳动者大军，弘扬劳模精神和工匠精神。本文从现实需求出发，调研分析全国高校践行社会主义核心价值观的发展态势，在把握规律中探析践行路径。

【关键词】高职院校；工匠精神；社会主义核心价值观

党的十九大提出要以培养担当民族复兴大任的时代新人为着眼点，强化教育引导、实践养成、制度保障，发挥社会主义核心价值观对国民教育、精神文明创建、精神文化产品创作生产传播的引领作用，把社会主义核心价值观融入社会发展各方面，转化为人们的情感认同和行为习惯；提出要建设知识型、技能型、创新型劳动者大军，弘扬劳模精神和工匠精神。这一重大论断，深刻指出了社会主义核心价值观教育养成和发挥作用的根本目标和实现途径，深刻表明了以“敬业”为核心的“工匠精神”为社会主义核心价值观增添了时代内涵、强化了引领功能、规范了价值取向。

一、在现实需求中把握时代命题

研究和探索新时代高职院校培育“工匠精神”的有效途径，对深入践行

[基金项目] 本文系 2019 年四川大学生思想政治教育研究中心立项课题“文化认同视域下高等院校深入践行社会主义核心价值观的路径研究”（课题编号：CSZ19031）的阶段性研究成果。

[作者简介] 李丹（1984—），女，四川彭州人，副教授，成都职业技术学院教师，主要从事思想政治教育研究。

社会主义核心价值观，激发新时代青年学子向善向上动力活力具有重要的现实意义。

（一）培育“工匠精神”是践行社会主义核心价值观的客观要求

党的十九大报告指出，经过长期努力，中国特色社会主义进入了新时代，这是我国发展新的历史方位。站位时代坐标，“工匠精神”已然被赋予从“站起来”到“富起来”再到“强起来”的时代内涵。在全球经济一体化和互联网时代背景下，中国实体经济在呼唤“工匠精神”的回归。锤炼“工匠精神”是以“中国制造 2025”为重要表征的“制造强国”的战略需要，承载着“中国梦”的时代重托，深入践行社会主义核心价值观是遵循高等院校发展规律、培养时代新人的客观需求。

（二）培育“工匠精神”是践行社会主义核心价值观的重要表征

立足新时代、迈向新征程，践行社会主义核心价值观也应当有新气象、新作为。从“工匠精神”与社会主义核心价值观的契合度来看，培育“工匠精神”是践行社会主义核心价值观的具体实践。“富强”是社会主义核心价值观的重心所在，发展实体经济是实现国家富强的重要途径，“工匠精神”所内蕴的创造精神便成为实体经济发展之“魂”。社会主义核心价值观个人层面的“敬业”和“诚信”，与“工匠精神”蕴含的职业理念和价值取向高度一致。

（三）培育“工匠精神”是培养时代新人的题中应有之义

占据我国高等教育半壁江山的高职教育，已成为实现“中国制造 2025”和共建“一带一路”等的重要支撑力量，培育高素质的技术技能人才是跨越“中等收入陷阱”、实现中国梦的重要保障。高职院校作为高素质技能型人才培养的主阵地和“摇篮”，其功能、价值和使命就是为高职青年学生烙上“工匠精神”底色，锻造“大国工匠”队伍，为产业转型升级和“中国制造 2025”战略目标的实现提供人才支撑。要将培育“工匠精神”与践行社会主义核心价值观统一起来，形成叠加优势，将二者所蕴含的专业精神、职业理念和价值取向作为立德树人的灵魂所依、产业转型升级的重要推手、城市软实力建设的重要途径和青年学生职业生涯发展的重要保障，进而培养出底蕴深厚、技艺精湛、敬业担当的新时代的“国之大器”和“中国工匠”。

二、在调研了解中认识发展态势

近年来，全国高职院校不断深化对推进社会主义核心价值观建设工作的认识，不断加强和改进领导，不断健全体制机制和工作格局，按照习近平总书记关于“培养时代新人”的重要指示精神，把高职院校作为培育“工匠精神”、践行社会主义核心价值观的重要阵地，积极优化教育教学，丰富实践养成，取得了阶段性成效。

（一）制度建设层面

全国优秀高职院校无一例外都非常注重制度建设，强化领导，将培育和践行社会主义核心价值观写入学校的相关章程，融入学校制度建设，并纳入学校各级各类考核指标。比如深圳职业技术学院制定和实施学校《文化育人实施纲要》，倡导“文化引领技能型人才培育”，构建以社会主义核心价值观教育为中心，以文化素质、职业素养为主要内容的“三位一体”框架；北京电子科技职业学院、杭州职业技术学院纷纷制定出台了本校《关于培育和践行社会主义核心价值观实施方案》；东莞职业技术学院将培育和践行社会主义核心价值观纳入教师年度考核，同时作为学生综合素质的重要考评指标。

（二）教育教学层面

习近平总书记在全国高校思想政治工作会议上指出：“要把社会主义核心价值观贯穿于高校办学育人全过程，引导广大师生做社会主义核心价值观的坚定信仰者、积极传播者、模范践行者。”比如淄博职业学院就提出了“教学做一体化”的教育方法，通过重构教学内容，结合职业教育特点和依托社会实践平台，让学生在“教中学、做中学，学中悟”；四川建筑职业技术学院将社会主义核心价值观教育有机融入各科目课堂教学，将名师讲座和专题报告贯穿高职学生在校学习生活的全过程，不断强化学生对社会主义核心价值观的理性认识，形成情感共鸣，促成思想转化，引导自觉践行。

（三）社会实践层面

以实践育人，不断开拓学生社会实践的平台和路径，这是每所高职院校培育和践行社会主义核心价值观的重要渠道。让学生在亲身参与中认识国情，了解社会，不断拓展眼界和提高能力，在社会实践中培养对人民的感情、对社会的责任、对国家的忠诚。近年来，各校主要通过打造志愿实践平台，成立志愿服务团队，开展志愿者活动来培育和践行社会主义核心价值观。比如无锡职业技术学院打造了“三下乡”“进基层”“到一线”品牌社会实践活动；深圳职业技术学院印发了《关于建设志愿者之校的决定》，在全国率先打造志愿者之校，开发全国首个“志愿服务储蓄银行”，创办文明出行、公益服务、爱心传递等 100 个志愿服务品牌项目，建立了“学校—学院—班级—宿舍”四级志愿服务组织体系，促进社会主义核心价值观与学生思想生活实际相结合，增强说服力、吸引力。

（四）文化育人层面

以文化人，以文育人。不难看出，各校在培育和践行社会主义核心价值观的教育中，既重视了显性教育，也重视了潜移默化的隐形教育，实现了“入芝兰之室久而自芳”的效果。比如大连职业技术学院开展的“大连职院读书季”活动，以促进读书、文化、学习为主线，注重“书香校园”思想内涵的挖掘，同时配合书画艺术作品大赛、名人讲坛、高雅艺术进校园、名著佳片赏评等活动；南京工业职业技术大学以传承校训为载体，创新校园文化活动，着力提升校园文化；山东商业职业技术学院以《中国诗词大会》的热播为契机，打造了“成人礼”、传统文化体验日等文化活动。

三、在把握规律中探寻发展路径

通过对全国优秀高职院校培育和践行社会主义核心价值观的态势分析，我们对高职院校培育“工匠精神”深入践行社会主义核心价值观有了更多的思考和认识，也在把握规律中探寻发展路径。

（一）构建课程体系，优化高校人才培养方案

要对接中华优秀传统文化，构建学生人文素养课程体系。当代青年践行社会主义核心价值观，继承发扬古今中外优良传统是必由的逻辑理路。中华优秀传统文化是社会主义核心价值观的重要源泉。习近平总书记指出，牢固的核心价值观，都有其固有的根本。中华优秀传统文化作为社会主义核心价值观的重要源泉，已经成为中华民族的基因，根植在中国人内心，影响着中国人的思想方式和行为方式。当代青年弘扬和践行社会主义核心价值观，就要从中华优秀传统文化中汲取丰富营养，以保持中国人独特的精神世界。

（二）拓展实践平台，开展实践育人共同体建设计划

一方面，加大实践教学力度。不断推进项目导向，基于工作过程、案例推演、角色扮演以及理论与实训融合的教育教学活动，增强专业教学的职业性，提高学生的学习兴趣，促进学以致用、用以促学、学用相长，实现“有效性学习”。另一方面，施行项目化实践行动。通过创新开展高校学生践行社会主义核心价值观社会实践项目化行动，探索社会实践与志愿服务一体化、社会实践与思想政治理论课教学一体化、社会实践与产学研一体化的途径，深化社会实践的内涵发展，不断拓展社会实践的发展空间，“以身体之、以心验之”，通过学生的主动参与和切身实践，使学生的知、情、意全身心投入，让社会主义核心价值观内化为精神内核和文化基因。

（三）塑造文化品牌，培育校园文化生态系统

首先，在物质文化层面，要将专业要素、人文要素、校园文化融入有形的物质建设中，推进校园景观、道路、楼宇、文化阵地命名工作，充分利用条幅、提示板、雕塑、文化长廊等载体，通过标语引导、墙壁提示、挂像感召等，让师生自觉自愿地感受和体会社会主义核心价值观。其次，在行为文化层面，要精心培育具有学校特色、反映学校师生价值追求的优秀文化活动品牌，努力形成符合高校青年学生特点的思想性与艺术性相统一的优秀文化活动体系。再次，在文化传播层面，注重以大众传媒为工具，充分发挥大众

媒体的独特优势，强化舆论导向功用，大力弘扬社会主旋律，奏响社会主义核心价值观的大合唱，形成有利于社会主义核心价值观传播的舆论环境。最后，在文化仪式层面，注重推进仪式活动的形式改进与内容创新，了解优秀传统“敬礼”和“致意”等各类仪式的文化象征意义，发挥仪式的文化育人功能，大力培育校园文化生态系统，不断丰富和拓展社会主义核心价值观实践养成的载体和路径。

参考文献

[1] 付安玲，张耀灿. 社会主义核心价值观社会认同实现路径探析[J]. 学校党建与思想教育，2015（1）：4-7，33.

[2] 徐雪松，吴凡. 新时代下高校社会主义核心价值观认同路径研究[J]. 辽宁省社会主义学院学报，2018（1）：117-120.

习近平新时代中国特色社会主义思想铸魂育人“五进”模式探析

李　丹

（成都职业技术学院　四川 成都 610041）

【摘　要】高校应坚持以习近平新时代中国特色社会主义思想铸魂育人，坚守立德树人教育初心，推动习近平新时代中国特色社会主义思想“五进”工程，培养担负民族复兴大任的时代新人。

【关键词】习近平新时代中国特色社会主义思想；“五进”模式；思政课程

党的十八大以来，以习近平同志为主要代表的中国共产党人以巨大的政治勇气和强烈的责任担当，提出了一系列新理念新思想新战略，创立了习近平新时代中国特色社会主义思想，实现了党的指导思想的又一次与时俱进。习近平新时代中国特色社会主义思想是中国特色社会主义理论体系的重要组成部分，是全党全国人民为实现中华民族伟大复兴而奋斗的行动指南。高校要坚持用习近平新时代中国特色社会主义思想铸魂育人，为青年大学生成长成才筑牢思想根基，增强“四个意识”，坚定“四个自信”，引导大学生自觉做到“两个维护”。

一、习近平新时代中国特色社会主义思想铸魂育人的时代内涵

（一）落实立德树人根本任务的基本遵循

育人的根本在于立德，立德树人就是育人与育才相结合的过程。“立德”

[基金项目] 本文系 2019 年高校思想政治教育研究课题（思想政治理论课青年教师专项）立项课题“新时代中国特色社会主义思想铸魂育人‘五进’模式研究”（项目编号为：SZQ201917）的阶段性研究成果。

[作者简介] 李丹（1984—），女，四川彭州人，副教授，成都职业技术学院教师，主要从事思想政治教育研究。

是“树人”的前提条件，离开“立德”谈“树人”教育将偏离方向；“树人”是“立德”的价值归宿，离开“树人”谈“立德”教育将流于形式。进入新时代，中华民族比历史上任何时期都更接近中华民族伟大复兴的目标，这一政治站位和发展高度，需要我们坚守立德树人的教育初心，以习近平新时代中国特色社会主义思想为基本遵循，深刻回答“培养什么人、怎样培养人、为谁培养人”这一根本问题。习近平总书记强调：“要把立德树人的成效作为检验学校一切工作的根本标准，真正做到以文化人、以德育人，不断提高学生思想水平、政治觉悟、道德品质、文化素养，做到明大德、守公德、严私德。”

（二）是培养时代新人的重要保障

习近平总书记在全国教育大会上集中阐述了“九个坚持”，揭示了新时代中国特色社会主义教育的发展规律，丰富和发展了我们党对社会主义教育规律的理论认知。要培养出具有坚毅民族品格、崇高民族气节、强大精神动力、高尚人格魅力和道德情怀、担当民族复兴大任的时代新人，就要以习近平新时代中国特色社会主义思想为指导，强化教育引导、实践养成、制度保障，引导广大青年学生确立马克思主义信仰，坚定共产主义信念，增强中国特色社会主义道路自信、理论自信、制度自信和文化自信。

（三）是思想政治理论课改革创新的根本方向

思想政治理论课是落实立德树人根本任务的关键课程。习近平总书记在学校思想政治理论课教师座谈会上强调，推动思想政治理论课改革创新，要不断增强其思想性、理论性，提高亲和力和针对性，并深刻精辟地提出了“八个相统一”的改革要求，是思政课程守正创新的经验总结和智慧结晶。特别是要在坚持显性教育和隐形教育相统一的原则下，挖掘专业课程、公共课程所蕴含的丰富思政元素和德育资源，探索“思政课程”和“课程思政”同向同行、协同育人新路径，真正实现全员、全程、全方位育人。

二、习近平新时代中国特色社会主义思想“五进”的具体路径

（一）“进教材”，筑“高”思想阵地

习近平新时代中国特色社会主义思想涵盖了经济、政治、法治、科技、文化、教育、民生、民族、宗教、社会、生态文明、国家安全、国防和军队、党的建设等各个方面，内涵十分丰富。目前，习近平新时代中国特色社会主义思想主要体现在“毛泽东思想和中国特色社会主义理论体系概论”与“形势与政策”这两门思政课程的教材中。但是还远远不够，要实现习近平新时代中国特色社会主义思想进教材，一方面，高校应将《习近平谈治国理政》《习近平的七年知青岁月》《之江新语》《习近平新时代中国特色社会主义思想三十讲》等作为思想政治理论课教辅教材；另一方面，要以课程思政教学改革为切入口，抓好专业教材建设，提炼挖掘各门课程中的思政元素，建立思政案例库、备课资源库，结合学院特色和地方文化，补充思政主题的校本教材、教辅资料等立体化辅助教材的建设，全方位打造高校思政教育的“中央厨房”。

（二）“进课程”，做“活”课堂教学

课堂教学是思政教育的主阵地。这一主阵地不仅是传授知识的舞台，更是价值引领的阵地；这一主阵地不应表现为思政课程的“孤军奋战”，而应是所有课程的“联合作战”，高校的每一门课程都要发挥育人功能，每一名教师都肩负着直面学生的理论困惑、道德困惑、价值困惑，传精神之道，解思想之惑的育人职责。一方面，高校应形成以思政课程为核心、公共课程为主干、专业课程为支撑的新型课程体系，将思政教育贯穿学校教育教学的全过程和各环节。另一方面，高校教师应秉承“价值引领、能力本位”的教学设计理念，深入研读教材，整合教学资源，不仅要遵从高等教育规律，也要紧密结合新时代信息化教育特征和学生身心特点，精心设计，完成教材体系向教学体系转化，推动课程改革创新，让课堂“有虚有实”“有棱有角”“有情有意”“有滋有味”，真正“活”起来。

（三）“进基地”，做“实”实践教学

一直以来，思政课程的实践教学往往手段单一、流于形式，其根本原因在于缺少主题平台，这是教学体系向信仰体系转化的难点，也是痛点。高校应充分整合“大思政”资源，多方筹措资金，努力打造或改建一个理想信念教育和素质提升的校内实践基地，完善实践教学设计，健全考评监督体系，做“实”载体支撑，真正将理论性和实践性、显性教育和隐性教育相统一。与此同时，高校也可根据办学特色、专业优势和地方资源等，发挥“政行企校”联动效应，建立校外实践基地。比如高校所在地红色资源丰富，可以建立红色文化实践基地，让学生在接受思想洗礼的同时通过服务型实践活动来促进知行合一；政法类高校可以通过与法院、检察院和监狱等机关合作建立法治教育实践基地；医护类高校可以通过与医院、敬老院、儿童福利院等机构合作建立“南丁格尔”志愿服务实践基地；旅游类高校可以通过与乡镇政府、旅游公司等合作建立乡村振兴实践基地；等等。

（四）“进社团”，做“亮”第二课堂

学生社团是大学生展示自我、提升自我的平台，对于加强大学生思想政治教育，拓展德育工作领域发挥了重要的作用。《中共中央　国务院关于进一步加强和改进大学生思想政治教育的意见》中明确指出，要依托班级、社团等组织形式，开展大学生思想政治教育。因此，高校应针对性地建立以宣传、践行习近平新时代中国特色社会主义思想为主旨的学生社团，配备思政教师作为社团指导老师，直接参与指导社团工作，并将参与指导社团工作明确计入教师工作量或作为晋升评级的重要条件。同时，依托各级各类社团活动，充分调动学生社团积极性、主动性和创造性，实现社团活动与思政课程教学内容的有效对接，发挥第二课堂育人功能，打造全方位、立体式的育人时空，形成素质修炼的“大熔炉”，构建“三全育人”新模式。

（五）“进头脑”，做“强”思想引领

在推动习近平新时代中国特色社会主义思想铸魂育人的“五进”工程中，“进教材”是重要前提，是“五进”工作的基础性工程和先决条件；“进课程”

是主要途径，只有紧紧抓住课堂主动权，才能打好意识形态攻坚战；“进基地”是关键环节，“进社团”是必然延续，而“进头脑”是根本目的。从课堂教学到实践基地，从第一课堂到第二课堂，从思政小课堂到社会大课堂，从线上到线下，通过这些具体举措最终实现理论与实践的有机融合，推动育德和育心相结合，从而使得习近平新时代中国特色社会主义思想融入大学生思想，嵌入大学生心灵，成为大学生思想的航标灯、行动的指南针、成长的定盘星，实现习近平新时代中国特色社会主义思想从教学体系向信仰体系的升华，最终内化于心，外化于行，让大学生成长为勇担民族复兴大任的时代新人，这也是习近平新时代中国特色社会主义思想铸魂育人的意义所在。

三、推动习近平新时代中国特色社会主义思想“五进”的保障机制

（一）加强组织领导，推进体制机制建设，为“五进”提供制度保障

高校要坚持党委统一领导、党政齐抓共管、职能部门紧密配合的优良传统，建立党委领导下的习近平新时代中国特色社会主义思想“五进”工作领导小组，落实专项经费配套。由马克思主义学院或思政教学部牵头具体实施，制定并落实“五进”工作的领导工作机制、经费保障机制、监督评价机制和平台保障机制等，为“五进”提供强而有力的制度保障，形成协同推进的运作模式。

（二）强化师资队伍建设，提升教师育德意识，为“五进”提供师资保障

一是鼓励教师通过党课学习、讲座报告、新闻专题等形式学习习近平新时代中国特色社会主义思想的科学内涵，加强社会主义意识形态对教学、科研的价值引领，坚持学术标准和政治标准相统一。二是切实加强教师对思想政治理论的学习，将教师的理想信念教育放在首位，特别是要加强对青年教师、海归教师和访问学者的培训教育，不断深化教师对思想政治教育工作的认同感和责任感。三是以教师师德师风和教师职业道德的建设为主线，充分

发挥基层党支部的战斗堡垒作用，开展专题教育活动，引导教师以德立身、以德立学、以德施教，明确育人责任，提升育德意识。

（三）加大宣传引领，做好网络阵地建设，为“五进”营造良好氛围

随着“互联网+”和大数据时代的到来，网络已然成为高校思想政治教育的新阵地，在丰富高校思政教育话语模式的同时也带来了诸多新挑战。高校要深入研究青年大学生的网络生活状况及特点规律，用他们喜闻乐见的网络语言和表现形式，比如通过网站、微信、QQ、闪拍等推送“配方先进”“工艺精湛”“包装时尚”的视频、文案，着力用“小故事”讲好“大道理”，将“小感动”转化为“行动力”，弘扬社会主义核心价值观，传递正能量，为“五进”营造良好舆论氛围。

参考文献

[1] 陈宝生. 扎实推进党的理论创新成果进头脑[N]. 光明日报，2018-07-24.

[2] 祝小茗. 扎实推进习近平新时代中国特色社会主义思想“三进”工作的几点思考[J]. 江南社会学院学报，2019，21（2）：6-10.

[3] 周良发. 习近平新时代中国特色社会主义思想“三进”的思考[J]. 中共云南省党委学报，2019，20（3）：64-69.

高职“旅行社产品设计”课程思政教学的设计与实践

薛 佳

（成都职业技术学院，四川 成都 610041）

【摘 要】随着移动互联网和数字技术推动下的中国“新消费时代”的到来，加强旅游从业人员的德育教育刻不容缓。在旅游专业教学改革过程中，课程思政与专业课程的紧密结合，将有效推进理想信念教育、诚信教育、法纪教育和职业道德教育。本文基于高职旅游专业学生的特点，初步探索了“旅行社产品设计”课程中课程思政的设计与实践。

【关键词】课程思政；旅游类；专业课程；教学设计

旅游业在精准扶贫、提高广大人民群众的获得感和幸福感、促进人的全面发展等方面发挥着重要作用。2019 年，国务院办公厅印发《关于进一步激发文化和旅游消费潜力的意见》指出，要深化文化和旅游领域供给侧结构性改革。随着移动互联网和数字技术推动下的中国“新消费时代”的到来，培养能够精准定位游客需求，充分挖掘市场潜力，具备传统文化旅游产品创新转化能力，胜任旅游产品个性化和体验性开发的旅行社产品设计专业人才已迫在眉睫。

一、问题的引入

旅游业是“五大幸福产业”之一，是衡量人民美好生活指数的重要指标，同时也是衡量社会诚信水平的重要标尺，是构建诚信中国的重要一环。旅游

[基金项目] 本文系四川省教育厅 2019 年高等学校省级“课程思政”示范课程“旅行产品设计”阶段性研究成果。

[作者简介] 薛佳（1983—），女，四川成都人，副教授，成都职业技术学院教师，研究方向：旅游经济与旅游教育。

业在承担起新时代满足人民日益增长的美好生活需要重任的同时，旅游诚信体系建设的重要性和紧迫性尤为凸显。

然而旅游诚信体系的构建一直是我国旅游发展中市场监管和市场主体自律的难题之一，对于旅游从业人员来说，需要努力提高自身的诚信意识和素质，把“游客至上，服务为诚”内化于心、外化于行。高职院校旅游专业不仅肩负着培养合格行业从业人员的责任，更有引导整个旅游行业健康发展的责任。在旅游专业教学改革过程中，课程思政与专业课程的紧密结合，将有效推进理想教育、诚信教育、法纪教育和职业道德教育。

成都职业技术学院旅游管理专业核心课程“旅行社产品设计”便是在这一背景下，将旅行社行业职业道德与职业素养贯穿于学生价值观、人生观、道德观、科学精神、工匠精神培养全过程，在创新创业实践过程中进一步挖掘中国优秀传统文化的魅力，以旅游助力中华优秀传统文化的普及与对外传播。

二、课程思政与旅游专业课程的紧密结合

“旅行社产品设计”课程在专业人才培养方案和课程标准的指导下，根据2019年3月文化和旅游部发布的《旅行社旅游产品质量优化要求》和《包价旅游产品说明书编制规范》两项最新行业标准，优化课程体系和教学内容，将课程教学目标设置为：能够精准定位游客需求，充分挖掘市场潜力，具备传统文化旅游产品创新转化能力，胜任旅游产品个性化和体验性开发设计；在可持续学习与创新过程中培养独立思考、自主学习和与人合作探究的团队协作精神；引导学生树立遵法守纪、诚实守信、严谨负责的职业道德准则，具有正确的旅游从业价值观；培养潜心做好旅游产品的“工匠精神”，并能够保守商业机密；适应旅游新业态和新技术发展要求，应用创新思维方法，深度挖掘传统文化魅力，走上旅游产品创意开发的创新创业之路。

（一）课程思政教育内容

社会主义核心价值观——爱国：热爱社会主义祖国、胸怀祖国，以旅游助力中华优秀传统文化的普及和对外传播。社会主义核心价值观——敬业：踏实、

肯干，精益求精，吃苦耐劳。社会主义核心价值观——诚信：遵法守纪、诚实守信，能够保守商业机密。社会主义核心价值观——友善：互帮互助、共同进步。创新：应用创新思维方法，深度挖掘中华优秀传统文化的魅力。

（二）课程思政教学方法与举措

通过引导教学法，让学生依据项目任务书分组完成自学任务，培养学生自主学习、育人合作探究的团队协作精神。通过案例教学法，引导学生换位思考，了解目前旅行社产品设计中存在的主要问题，熟练掌握旅行社产品设计的方法和技巧。

按照“发现问题—分析问题—解决问题”的问题导向流程，设置教学任务、选取教学方法、配置教学资源，提升学生分析问题和解决问题的能力。以项目教学法贯穿课程始终，实现“游客为本，服务以诚”“质量至上，规范操作”和“思维创新，文化自信”的职业核心素养综合培育。

采用过程评价（30%）+成果评价（40%）+期末评价（30%）的综合性考核评价方式，注重对学习过程状态数据的采集和对项目任务完成成果的考核，树立起质量意识和严格要求自己的做事态度。

三、“旅行社产品设计”课程思政教学设计

（一）教学内容与方法设计

旅行社产品设计课程以 PDCA（计划、执行、检查、处理）循环为教学设计核心理念，发现问题、分析问题、解决问题，深度挖掘中华优秀传统文化，设计出更多文旅融合的旅游产品，以旅游助力中华优秀传统文化的普及与对外传播。

1. 理论课堂教学

目前，由于国内外旅行社行业的不断变化和创新，在教学内容的组织中，尽可能根据计调部和外联部工作岗位知识、素质能力和操作技能要求，以旅行社产品设计具体工作实务为基础，按先进、实用标准选择内容，并充分体现旅行社行业的最新理念，建立起动态更新机制，不断优化整合课程教学内

容，尽量达到构建起融知识传授、能力培养、素质教育、操作技能实训于一体的教学内容体系。

理论课堂教学按照“发现问题—分析问题—解决问题”的问题导向流程，设置教学任务、选取教学方法、配置教学资源，反复运转 PDCA 循环，实现“游客为本，服务以诚”“质量至上，规范操作”和“思维创新，文化自信”的职业核心素养综合培育。

2. 实训课堂教学

“旅行社产品设计”课程是一门岗位能力及实务课程，教学针对性、适用性和实践性都较强，因此，在教学内容上应注重理论与实践的紧密联系。首先，实行教、学、做紧密结合的理论与实践一体化体系。其次，对实训、实习环节进行了较科学合理的设计，针对旅行社产品设计工作流程要求，综合设计了 3 个课内实训项目，1 个综合实训项目，实践与理论学时比为 1∶1，实践学时充分保证了教学需要。比如旅游管理专业的学生的毕业实习是到旅行社计调部和外联部进行为期 2 ~ 3 个月的顶岗实习，这就进一步强化了实践教学环节。

实践教学环节让学生按照行业法规、社会准则、课堂纪律、项目要求等必要的规章制度进行锻炼，以真实项目启发学生参加实践的积极性，严格要求，且与尊重、信任和爱相结合，在项目实践完成过程中对临时发生的突发情况进行评价，对项目进行阶段性评价、总结性评价，提高学生认识，增强信心，激发热情，鼓舞斗志。

（二）服务社会教育

将服务社会、社会服务贯穿整个课堂教学，并重点在实训教学部分进行专题式学习，培养提升学生服务社会的意识、能力与素养。使学生懂得服务社会需要积极参与社会公益活动，需要热爱劳动、爱岗敬业，能够主动参与服务社会的活动。树立服务社会、奉献社会的意识。

例如设计“一日玩转成都”旅游产品项目，以深化天府文化学习和服务成都旅游市场发展为己任。设计“我的家乡好好玩”旅游产品项目，在乡村振兴背景下，培养学生热爱家乡、建设家乡的热情与意识。设计“最美四川精彩游”旅游产品项目，培养学生服务社会的意识，促进全面发展。

（三）职业道德教育

所有理实一体的学习，都将旅行社行业职业道德与职业素养贯穿于学生价值观、人生观、道德观、科学精神、工匠精神培养全过程。使学生全面、正确地理解在旅游活动中人与人应当建立的关系、维系的道德。在各项目理论学习与实训中，集中通过项目完成的考核评价，锻炼学生的服务意识，并进一步培养利他意识，内化旅游职业道德规范：真诚公道，信誉第一；热情友好，宾客至上；不卑不亢，一视同仁；钻研业务，提高技能；锐意创新，勇于竞争。

（四）专家进课堂

邀请行业专家，尤其是德高技精的行业一线从业人员进课堂，紧贴行业现状，及时将行业内最新信息引入课堂，同时为学生树立起“行业标杆”，直观认知和深化职业道德教育。同时可以利用课程网络平台，大量“引进”各类专家，多渠道、多途径，以学生喜闻乐见的方式，开展“浸润式”德育。

四、“旅行社产品设计”课程思政教学实践

“旅行社产品设计”课程将服务社会和社会服务贯穿整个课堂理论教学，并重点在实训教学部分进行专题式学习，培养提升学生服务社会的意识、能力与素养。使学生懂得服务社会需要积极参与社会公益活动，需要热爱劳动、爱岗敬业，能够主动参与服务社会的活动。

课程立足旅游产业变革现实问题，深入社会实践育人环节，从旅游产品设计—开发—销售—推广全流程入手，以问题为导向，将“新规范、新业态、新技术”有机融入课程项目化教学，通过品牌实践活动和典型教学资源，努力将本课程建设成为学生“真心喜爱、终身受益、毕生难忘”的课程思政示范课程。

五、结　语

随着教学的深入开展和毕业生信息的不断反馈，一方面，“旅行社产品设

计”课程对于学生择业和从业的重要性日益显现，并且也提出了不断根据实际情况进行改革的要求。另一方面，为进一步提升学生旅行社产品设计能力，培养和锻炼教师队伍，提高教师的专业素养和课程开发能力，也是今后课程改革的方向。

参考文献

[1] 高德毅，宗爱东. 从思政课程到课程思政：从战略高度构建高校思想政治教育课程体系[J]. 中国高等教育，2017（1）：43-46.

[2] 高德毅，宗爱东. 课程思政：有效发挥课堂育人主渠道作用的必然选择[J]. 思想理论教育导刊，2017（1）：31-34.

[3] 陆道坤. 课程思政推行中若干核心问题及解决思路——基于专业课程思政的探讨[J]. 思想理论教育，2018（3）：64-69.

[4] 余江涛，王文起，徐晏清. 专业教师实践“课程思政”的逻辑及其要领——以理工科课程为例[J]. 学校党建与思想教育，2018（1）：64-66.

[5] 匡江红，张云，顾莹. 理工类专业课程开展课程思政教育的探索与实践[J]. 管理观察，2018（1）：119-122.

旅游类专业课程进行课程思政系统化设计的思路

薛　佳

（成都职业技术学院，四川　成都　610041）

【摘　要】当前旅游高等院校不仅肩负着培养合格行业从业人员的责任，更有引导整个旅游行业健康发展的责任。从课程体系建构、教学内容设计和教学活动实施方面，探索旅游类专业课程进行课程思政建设的路径和方法，是旅游类专业课程建设的关键。

【关键词】旅游类；专业课程；课程思政

旅游业在精准扶贫、提高广大人民群众的获得感和幸福感，促进人的全面发展等方面发挥着重要作用。在这一时代背景下，旅游高等院校不仅肩负着培养合格行业从业人员的责任，更要承担起引导整个旅游行业健康发展的重任。在旅游类专业课程教学中融入思想政治教育，引导学生树立正确的世界观、人生观和价值观，增强使命担当，将是旅游类专业课程建设的重中之重。

一、相关研究基础

为了解目前国内旅游类专业课程进行课程思政研究的现状，我们以“旅游类”与课程思政为主题词在 CNKI 中文知网文献数据库中进行检索，共找到 4 条相关结果。池晶（2019）以河北经贸大学旅游学院党委为例，分析了高校“党建+课程思政”的育人模式。洪燕云（2019）从工匠精神入手，提出了应用型高校旅游类专业学生工匠精神培育的策略。付丽丽（2019）从校企“双元”育人模式入手，探讨了旅游管理专业进行课程思政的实施办法，但没

[基金项目] 本文系四川省教育厅 2019 年高等学校省级“课程思政”示范课程“旅行产品设计”阶段性研究成果。

[作者简介] 薛佳（1983—），女，四川成都人，副教授，成都职业技术学院教师，研究方向：旅游经济与旅游教育。

有从课程本身解析具体操作路径与方法。宣平（2018）从课程标准修订、挖掘课程思政元素和创新思政教学方法等方面，提出高职院校“旅游概论”课程实施课程思政的途径，但并没有总结出旅游类专业课程进行课程思政建设的有效路径和模式，对于其他课程的可借鉴性还有待进一步补充。另外，何勇（2018）、许超（2019）、曾荣（2019）、车艳竹（2019）、叶晨曦（2019）和吕林欣（2019）等人亦总结了各自课程开展课程思政的具体情况和经验，但依然没有形成旅游类专业课程的课程思政建设的体系性研究。不难看出，目前国内对于旅游类专业课程进行课程思政的探索与实践，尚处于刚刚起步阶段，理论体系和实证研究都还需尽快跟上。

2020 年初，新冠肺炎疫情暴发，对整个旅游行业产生了重大影响，也对旅游类专业课程进行课程思政提出了新的挑战。探索旅游类专业课程进行课程思政建设的路径与方法，并及时研究在新冠肺炎疫情防控期间实施在线学习的特殊情况下，如何开展课程思政线上教学，具有非常重要的理论和实践意义。

二、专业课程进行课程思政系统化设计的思路

课程思政不是简单、直接地把思政课的部分内容搬到专业课教学中，更不是在专业课中另设一个思政板块，而是从整体上进行课程系统化设计，“因势利导、顺势而为”地自然融入。

（一）分析研究课程基础

在进行课程思政之前，应该认真分析课程原有基础，研究课程已有成果、资源和优势，明确课程不足和改进方向，充分利用现有优势资源，比如课程平台、教学资源、师资队伍等，构建起专业课程的课程思政建设路径。

（二）建构优化课程体系

在分析研究清楚专业课程的现有基础之后，应着手课程体系的架构。从课程思政视角出发，构建专业课程的课程体系。课程体系可以重构，也可以在原有课程框架的基础之上进行优化，衡量的标准在于现有专业课程体系本

身是否已经按照课程思政建设路径进行系统化设计。

1. 从专业定位出发，找准课程思政的“原点”

在“旅行社产品设计”课程所在的旅游管理专业人才培养定位的基础之上，将“旅行社产品设计”课程定位为：随着移动互联网和数字技术推动下中国“新消费时代”的到来，培养能够精准定位游客需求，充分挖掘市场潜力，具备传统文化旅游产品创新转化能力，胜任旅游产品个性化和体验性开发的旅行社产品设计专业人才。“传统文化旅游产品创新转化能力”是该课程的核心职业能力，也是课程思政的着眼点。

2. 从产业实际着手，找准课程思政的“关键点”

新时代旅游业体现出“多样性”“多元性”和“多变性”三大特征：从大众观光旅游到个性化体验旅游、休闲旅游，从团队旅游到自助行、定制旅游，越来越多的新业态随着不断增长的旅游需求产生和发展。旅游与其他产业的有效融合，产生了文化旅游、研学旅游、体育旅游、养生旅游、会展旅游等新产品。创新创意快速融入旅游业，各种新产品层出不穷。旅游产业的新发展对“旅行社产品设计”课程思政建设提出了新的要求。

3. 从课程目标细化，找准课程思政的“亮点”

“旅行社产品设计”课程的教学目标是在充分进行行业、岗位调研以及学情分析的基础之上确定和细化的，最终提炼出该课程的三大职业核心素养：“游客为本，服务以诚”“质量至上，规范操作”“思维创新，文化自信”，课程思政教育内容、教学方法和载体紧紧围绕这三个核心素养进行设计。

三、专业课程进行课程思政建设的具体实施

专业课程进行课程思政建设，应在摸清了课程建设基础、理顺了课程建设体系的基础之上，将重点放在课程教学的有效实施上。我们从“旅行社产品设计”课程的整体教学设计和具体课堂教学实施两个方面，具体分析旅游类专业课程进行课程思政的实践探索。并针对新冠肺炎疫情防控期间高校开展线上教学的特殊性，提出专业课程在线上教学方式下进行课程思政的有效建议。

（一）紧扣思政教育融入点，精心设计教学内容

“旅行社产品设计”课程共设置了“认识旅行社产品”“分析旅行社产品的消费市场”“设计旅行社线路产品”“旅行社产品质量管理”“旅行社产品品牌建设”等多个教学项目。每个教学项目都有不同的思政教育融入点。比如“认识旅行社产品”项目，以当前旅行社产品集中存在的问题，引入标准建立的必要性，注重学生自身的实践锻炼、生活体验和文化熏陶积累，强调个人综合素养提升和旅游从业人员职业素养培育；“旅行社产品质量管理”项目设置了“旅行社产品标准化”和“旅行社产品特色化”两大专题，强调严格执行法律法规，遵纪守法，不违反旅游者的合法权益，利用社会热点问题切入教学，扩大学生知识面，增强认知能力，培育“质量至上，规范操作”的职业核心素养。

（二）紧跟时代步伐，灵活组织教学活动

这里以“设计旅行社线路产品”下“旅行社线路设计的流程——产品策划”为例，具体说明课程思政视角下，旅游类专业课程的教学活动如何组织开展。

1. 课前，主题案例导入

课前，教师在课程平台上发布自学任务和讨论议题，学生在课程平台上完成自学和自测，并交流讨论“如何满足并挖掘各类游客潜在旅游需求”，树立起“游客为本，服务以诚”的职业价值观。

2. 课中，行业动态引领

学生项目小组分析不同类型游客产品设计注意事项，形成产品策划构思，并进一步论证创意可行度，在思维创新的同时，培养独立思辨和与人合作探究的团队协作精神。

3. 课后，成果导向评价

学生项目小组继续讨论，精准定位游客需求，反复修订产品策划，树立起精益求精的工匠精神，充分挖掘市场潜力，增强文化自信。

“课堂”不仅仅是教师授课和学生集中学习的空间和时间，还应充分考虑课前准备和课后反馈。时代的进步、技术的发展，让课堂的“时空”界限越

来越模糊。课程思政的融入，也应贯穿课前、课中和课后全过程，形成完整的学习链。

四、应急而生，线上教学也能课程思政

新冠肺炎疫情暴发后，为阻断疫情向校园蔓延，保障师生身体健康，教育部明确要求 2020 年春季学期延期开学，同时鼓励各高校利用互联网和信息化教育资源为学生提供学习支持。各地高校纷纷响应，在新学期贯彻落实教育部“停课不停教，停课不停学”的要求，广泛开展线上教学活动。“旅行社产品设计”课程不断打造具有独特风格的“云课堂”，努力结合课程特点，充分提炼挖掘，一方面把抗疫的感人事迹融入线上教学，形成图文并茂的线上课程思政的优秀案例，另一方面紧紧围绕“旅行社产品设计”课程“思维创新，文化自信”的核心素养培育要求，积极探索在线上教学模式下旅游类专业课程如何实施课程思政。

（一）教学资源的选取

新冠肺炎疫情暴发以来，旅游业是全球受疫情冲击最为严重的行业之一，整个旅游行业都将面临一轮新的“洗牌”。针对疫情影响下的消费者出行需求与出行意愿的新变化，作出相应的产品设计和营销调整，是“旅行社产品设计”课程关注的焦点。结合此内容，收集素材，制作案例，在线上教学活动中与学生互动实践，形成线上课程思政典型案例，同时与疫情防控知识学习相结合，融入生命教育、感恩教育、公共安全教育和心理健康教育，弘扬社会美德，增强学生爱党爱国爱人民爱社会主义的思想情感。例如引入“疫情阻隔了出行的脚步，却阻挡不了人们对生活的坚持与热爱”图片集和短视频，组织开展线上分组讨论“有太多的人们为我们负重前行，疫情当下，我们所学的专业能做什么？旅游产业和游客的消费习惯会发生怎样的改变？我们的旅游产品又将迎来怎样的机遇与挑战”。在热烈而充满情感的讨论中，形成线上课程思政典型案例。

（二）教学内容的更新

受到新冠肺炎疫情的影响，在旅游业休眠和恢复初期，旅游企业和从业者应更多地思考旅游产品的创新，以鼓励旅游消费愿望。“旅行社产品设计”课程的具体教学内容，需要根据旅游行业的新变化、新动向和新需要进行及时调整，紧跟前沿，以典型案例为依托，归纳总结新知识点和新技能点，以应对新业态或新产品形态的出现对课程教学内容的新挑战，为学生未来就业打好“提前量”。例如增加对康养旅居、休闲体育等新型旅游产品设计方法和技巧的学习内容与操作练习，为可持续学习发展奠定基础。

（三）教学组织形式的创新

为克服疫情带来的物理距离扩大、非直接沟通等对课程学习的不利影响，可以在充分发挥不同平台技术优势的基础之上，充分调动学生的学习参与度和积极性。特别是可以采用线上学习小组的形式，以可测量的学习成果为导向，将“个体”直接融入“群体”，一方面锻炼团队的网络协作能力，另一方面也可以形成互帮互助、共同进步的良好学习氛围。学生参加线上学习会受到网络速度、设备状况等现实情况的直接影响，在“不落下任何一个人”思想的指导下，除了构建学习小组以外，教师还需要将所有学习内容进行分类处理，同样的学习材料，不仅要制作微课、动画、视频、课件等适合网速较快、设备运行状况良好的版本，还需要制作纯文本、流程图等学习指南和知识点精讲文稿以方便网速较慢、设备运行状况不佳的学生，构建起学习小组+分类型学习的学习共同体，深化自主学习和与人协作探究的团队协作精神。

（四）教学活动的碎片化设计

为适应线上学习的特点，教师应更加关注学生的学习能力与创新性解决问题的能力的培养，可采用“反向学习”的课程建设思路，教师在确保实现教学目标的前提下，潜心研究线上学习的碎片化特征，精心设计线上教学环节，将学习的“主导权”交给学生，实现真正意义上的“翻转课堂”。以学生课前预习发现的问题为导向设计教学重点，在“明惑”的基础上实现“解惑”，课后以开放性问题和重点任务的进阶学习为延伸，教师在课外提供个性、精准、高质量的指导，培养学生的创新思维和独立思考能力，为深度挖掘中华优秀传统文化魅力、走上旅游产品创意开发之路铺好基石。

五、结语

专业课是“立德树人”的前沿阵地，不仅要发挥知识传授和技能培养的重要功能，还要肩负起“育德”的重要使命，在专业学习的过程中“潜移默化，润物无声”，将“德才兼备”的综合培养渗透到每一次专业课的教学当中。我们要潜心研究典型工作案例、职业岗位要求和行业最新标准，巧妙设计教学活动与教学环节，在育“人”的同时，助其成“才”。

参考文献

[1] 付丽丽. 校企合作背景下对旅游管理专业课程思政的研究与探索[J]. 北京印刷学院学报，2019，27（S1）：69-71.

[2] 池晶. 高校“党建+课程思政”育人模式初探——以河北经贸大学旅游学院党委为例[J]. 党史博采（下），2019（10）：66-67.

[3] 洪燕云，王聪. 应用型高校旅游类专业学生工匠精神培育策略研究[J]. 江苏理工学院学报，2019，25（4）：63-67.

[4] 宣平.《旅游概论》课程中渗透思想政治教育的方法探讨[J]. 创新创业理论研究与实践，2018，1（12）：93-95.

实践探索篇

◇ 建设方案

◇ 建设标准

◇ 典型案例

成都职业技术学院课程思政建设工作实施方案

为深入贯彻落实习近平总书记在全国高校思想政治工作会议和在全国宣传思想工作会议上的重要讲话精神，进一步推动《高校思想政治工作质量提升工程实施纲要》等文件精神落地实施，成都职业技术学院结合工作实际，特制定学院课程思政建设工作实施方案。

一、指导思想

坚持以习近平新时代中国特色社会主义思想为指导，全面贯彻全国高校思想政治工作会议和全国宣传思想工作会议精神，以优质校建设为契机，以课程思政为抓手，按照“基础在课程，重点在思政，关键在教师，落实在分院（部），成效在学生”的总体思路，深入挖掘、梳理各门课程所蕴含的思想政治教育育人元素和所承载的育人功能，充分发挥课堂教学在育人中的主渠道作用，落实“立德树人”根本任务，着力将思想政治教育贯穿学院教育教学的全过程，构建全员育人、全过程育人、全方位育人的“三全育人”格局，推动各类课程与思想政治理论课同向同行，促进全体教师切实履行“教书育人”核心职责，实现多学科优质师资协同育人，全面提升学院人才培养质量。

二、建设目标

课程思政建设总体目标是：以思想政治理论课为主干，以通识课程为延伸，以专业课程为补充，构建全方位大思政教育体系，使显性教育和隐形教育相互融通，既发挥思想政治理论课在社会主义核心价值观教育中的核心作用，又结合通识教育和专业课程的育人功能，全面加强学院思政工作，实现“立德树人”的教育目标，形成多学科优质师资协同育人良好局面，促进学院人才培养能力全面提升。

课程思政建设具体目标是：各类课程要充分结合各自课程教育目标和教育特点，深入挖掘课程中蕴含的思想政治教育资源，诸如价值观、人生观、道德观、科学精神、工匠精神、职业道德、职业素养、中国传统文化、创新创业、天府文化等丰富广泛的内容，将思想政治教育元素融合于课程教育内容，作为课程讲授的重要内容和学生考评、教学评价的关键指标，将其纳入课程标准体系和人才培养体系。梳理整合资源，开发一批具有我院特点的课程思政系列课程；打造专业课程思政精品示范课，在全院示范推广；培养一支具有自觉育德意识和较强育德能力的教学名师和团队；健全课程育人管理运行体制，形成一套科学有效的课程思政教育教学督导考评体系。

三、建设任务

（一）加强思想政治理论课建设，充分发挥思政课堂教育主渠道作用

为全面落实《普通高校思想政治理论课建设体系创新计划》以及《高等学校思想政治理论课建设标准》文件精神，成都职业技术学院以统编教材为基础，根据学院实际情况，编写相应辅助教材，建设思想性、科学性和可读性相统一的思想政治理论课教材体系；建立思想政治理论课专职教师任职资格制度，严格按照 1∶350 的师生比配足配强专职教师，建设专兼结合、结构合理的思想政治理论课教学人才体系；积极推广运用蓝墨云信息教育技术手段，推进优质网络课程资源建设，改革教育教学方法，建设理念科学、形式多样、管理有效的思想政治理论课课堂教学体系；强化实践教学，培育学生理论骨干和理论社团，提升校园文化建设的理论品质，建设与课堂教学相互促进的思想政治理论课第二课堂教学体系；改革思想政治理论课学习评价方

式，优化课程考核方式与题型结构，构建科学合理的思想政治理论课综合评价体系。

（二）整合通识类课程资源，打造开发一批成体系、有深度的课程思政系列课程

通识课程要主动与德育教育相融合，主动担负对大学生进行思想政治教育、培育时代新人的不可替代的重要职责。深入分析开设课程类型、选课情况、课程内容、思政元素、受众学生、课后反馈等信息。充分整合校内外通识类师资力量、课程资源，依托学校敬业文化研究中心、心理健康教育中心等平台，打造开发一批既具有鲜明意识形态属性和育人功能，又具有时代特征、符合新时代大学生需求的通识系列课程。精心设计系列课程名称、招募系列课程教师、发布系列课程宣传，包装系列课程资源，让系列课程思政化、系统化、科学化、品牌化，三年内实现增加课程思政系列课程 20 门左右，不断增强大学生政治认同，加强文化自信，丰富和完善学院通识教育课程体系。

（三）落实“立德树人”根本任务，不断创新专业课育人模式

各专业要深入挖掘课程蕴含的思想政治教育元素，在知识传授和能力培养中，弘扬社会主义核心价值观，传播爱党、爱国、爱社会主义等积极向上的正能量，进一步培养科学精神、工匠精神，不断提升职业道德、职业素养，让“立德树人”的育人理念浸润到教育教学全过程。各专业要为课程思政建设制定“任务书”，绘制“线路图”，明确“时间表”，将专业课程的思想政治教育育人功能落实到人才培养方案、课程标准修订、教材内容完善、教案撰写、课堂教学传授、教学评价等各环节，将教书育人的内涵建设落实在课堂教学主渠道上，让所有专业课程都能突出育人价值。例如工科类专业课程要突出培育求真务实、勇于创新、精益求精的工匠精神；经管类专业课程要以其人文精神感召和规范学生行为，不断提升学生的综合素质；医护类专业课程要突出职业道德和贯穿“南丁格尔精神”，着力培养出具有爱心、耐心、细心和责任心的高端技术技能型应用人才。

（四）加强师资队伍建设，着力提升教师育德意识和育德能力

实施课程思政的关键在教师，任课教师要深化全员育人意识，在专业发展上提升有效育人能力。要转变教师重知识传授和能力培养、轻价值引领的观念，引导教师树立课程思政的理念，以思想引领和价值观塑造为目标，带动广大教师教好书、育好人。

学院相关部门要采取新教师岗前培训、专业主任和课程思政教育教学改革专题培训等多种措施，加强教师培训培养，切实增强教师的育德意识和育德能力，促进教师在课程教学中主动研究和落实"立德树人"根本任务的自觉意识的养成。各分院（部）要采取入职培训、专题培训、专业研讨、集体备课等多种方式，深入挖掘各专业课程的思想政治教育元素，把知识传授、能力培养、思想引领融入每一门课程教学全过程。提升思想政治理论课教师业务水平和综合素质，严格落实《高等学校思想政治理论课建设标准》的相关要求，严把思想政治理论课教师任职资格标准，聘请符合条件的专家学者担任思想政治理论课特聘教师，有计划地安排思想政治理论课教师外出研修、考察、访学、挂职和到企业实践锻炼，不断提高思想政治理论课教师的执教能力。

四、建设步骤

（一）宣传动员（2018 年 9 月）

在认真学习课程思政相关文件的基础上，制定课程思政实施方案，明确建设目标、任务步骤和要求。各分院（部）组织全院广大教职工集中学习，统一思想，提高认识，统筹规划和部署全院课程思政教育体系建设，理清课程思政的总体思路。

（二）开展试点（2018 年 10 月—2019 年 7 月）

各分院（部）牵头负责按专业遴选 1 门专业课程作为课程思政的试点课程，制定试点实施方案，明确改革措施，定期召开试点课程改革研讨会，深入挖掘思政元素，深度融入课程教学，着力探究和解决课程改革中遇到的问

题，并在各分院（部）进行公开课展示。教务处根据评选结果，择优推荐参加学院的课程思政教学说课活动，赛课获奖享受学院相关规定待遇。

（三）全面推广（2019 年 9 月—2020 年 7 月）

全院 50%以上的专业课教师（含非思政课程的公共课教师）要进行至少 1 门专业课程改革实践。主要采取以赛促建的方式进行推进，具体的步骤为：

2019 年 9 月，各个分院（部）遴选出参与推广的教师和课程，制定课程建设实施方案，报教务处备存。

2019 年 10 月—2020 年 4 月，各个分院（部）通过对推广课程采取课堂听课、教学探讨、总结交流等形式，切实推进课程思政推广课程建设工作。在此基础上，每个分院（部）按专业遴选 2 门改革思路清晰、特色鲜明、效果突出的课程报送教务处。

2020 年 5 月，开展学院课程思政教学赛课活动。以说课和课堂听课为主要赛课形式，组成赛课评价小组，对分院（部）推荐的课程进行全覆盖、全过程听课，以课堂效果和听课评议结果为课堂听课赛课结果，在此基础上推荐参加学院课程思政说课教学竞赛活动，赛课获奖享受学院相关规定待遇。

（四）成果凝练（2020 年 9 月—2020 年 12 月）

试点课程建设期满需形成以下成果：对同类课程具有借鉴作用的课程思政建设方案；课程标准（修订版）；1 篇及以上教学改革论文；1 个及以上教学视频（紧扣课程思政主题，微课视频或课堂授课视频）；3 个及以上教学案例。全院形成 1 套成果案例集。

在此基础上，总结凝练出具有特色的课程思政建设经验和建设成果，将课程思政参与范围进一步扩展，全院所有专业课教师都要进行改革实践，教师自觉践行课程思政建设方案，全院形成课程思政教学改革常态。

五、建设保障

（一）强化统筹协调

各分院（部）要按照学院的总体安排，强化统筹协调，定期研究和落实课程思政建设工作，重点研究制定、挖掘用好各门课程的思想政治教育元素，创新教育教学方法，负责具体开展课程思政建设改革试点和推广工作，不断总结好的经验和做法。学院教务处和宣传统战部要加强对课程思政建设情况推进工作的指导，及时发现解决存在的问题。科研督导处要加大对课程思政试点课程的督导力度，推动课程思政建设工作取得较好成效。

（二）强化二级管理

课程思政建设的重心在各分院（部），是各分院（部）内涵建设的重要内容。各分院（部）应明确其在课程思政建设中的具体责任，并上升到提升办学水平和人才培养质量的高度来认识和把握，真正确保各门课程“同向同行、协同育人”的举措落到实处。

（三）强化经费支持

为确保课程思政建设工作顺利开展，学院将划拨专项经费，通过课程立项的形式提供资助，建设期满达到要求者按照院级立项课程配套建设经费3000元。各学院（部）可以设立专项经费，确保课程思政建设有序推进。

（四）强化工作考核

学院将把课程思政建设工作开展情况，纳入各分院（部）年度绩效考核评价指标体系，作为教学工作和宣传思想工作考核内容。教师参与课程思政教学改革情况和效果，将作为教师考核评价、岗位聘用、评优奖励、选拔培训的参考依据之一。学院将加大力度对课程思政建设工作实施情况进行督导，及时宣传表彰先进，督促整改存在的问题，确保全院课程思政建设工作有序推进。

成都职业技术学院课程思政建设提质培优行动方案

为深入贯彻落实《中共中央办公厅、国务院办公厅印发〈关于深化新时代学校思想政治理论课改革创新的若干意见〉》《教育部关于印发〈高等学校课程思政建设指导纲要〉的通知》（教高〔2020〕3 号）和《四川省教育厅关于全面推进课程思政建设落实立德树人根本任务的实施意见》（川教〔2019〕52 号）等文件精神，切实推动成都职业技术学院课程思政建设提质培优，结合学院实际，特制订本行动方案。

一、总体要求

（一）指导思想

以习近平新时代中国特色社会主义思想为指导，深入贯彻落实全国高校思想政治工作会议精神，结合《成都职业技术学院课程思政建设工作实施方案（试行）》（成职院〔2018〕102 号），坚持立德树人根本任务，纵深推进“三全育人”，将全面推进课程思政作为落实立德树人根本任务的战略举措，以“双高”建设为契机，以课程思政为抓手，按照“基础在课程，重点在思政，关键在教师，落实在学院，成效在学生”的总体思路，构建全员育人、全过程育人、全方位育人的“三全育人”格局，构建系统化、平台化、规范化的课程思政建设体系，培养德智体美劳全面发展的现代服务业高素质技术技能人才。

（二）基本原则

1. 坚持立德树人根本任务，把握人才培养方向

课程思政建设必须坚持立德树人根本任务，将价值塑造、知识传授和能力培养融为一体，寓价值观引导于知识传授和能力培养之中，引导学生塑造正确的世界观、人生观、价值观。在人才培养目标、培养规格、课程体系、课程标准、人才培养质量评价等各方面，坚持人才培养工作的正确方向。

2. 体现专业群特色，挖掘课程思政育人功能

抓好课程建设“主战场”，以课程为载体，在专业知识、专业技能中融入思政元素。充分发掘专业群特色，总结凝练各专业在思政元素、融入路径、效果评价等方面的特点，结合专业人才培养目标落实落细课程思政建设。

3. 抓好队伍建设，团队协同提升建设质量

抓好教师队伍“主力军”，建立课程思政教学团队，协同发挥思政课教师与专业课教师优势，加强融合协作，共同致力于全面加强学校课程思政建设，全面提升学校专业思政、课程思政、教师思政水平，建设课程思政示范教学团队，积累课程思政教学资源，打造示范教学名师，凝练人才成长典型案例。

4. 注重实施成效，促进学生全面成长

抓好课堂教学“主渠道”，以全面提高人才培养能力为核心点，构建全面覆盖、类型丰富、层次递进、相互支撑的课程思政工作体系、教学体系和内容体系。建立健全多维度的课程思政建设成效考核评价体系和监督检查机制，把人才培养效果作为课程思政建设评价的首要标准。

二、建设内容

课程思政建设内容要紧紧围绕坚定学生理想信念，以爱党、爱国、爱社会主义、爱人民、爱集体为主线，围绕政治认同、家国情怀、文化素养、道德修养等重点优化课程思政内容供给，系统开展中国特色社会主义和中国梦教育、社会主义核心价值观教育、中华优秀传统文化教育、法治教育、劳动教育、职业道德教育。

（1）推进习近平新时代中国特色社会主义思想“三进”，不断加强马克思主义理论教育，着力推动党的创新理论教育，增强学生对党的创新理论的政治认同、思想认同、情感认同，坚定“四个自信”。

（2）培育和践行社会主义核心价值观，教育学生深刻理解社会主义核心价值观的丰富内涵，准确把握其精神实质，引导学生把事业理想和道德追求融入国家建设，将社会主义核心价值观内化为精神追求，外化为自觉行动。

（3）加强中华优秀传统文化教育，大力弘扬以爱国主义为核心的民族精神，教育引导学生深刻理解中华优秀传统文化的思想精华和时代价值，完善大学生的道德品质，培育理想人格，展现中华文化的无穷魅力和时代风采。

（4）深入开展宪法法治教育，教育引导学生牢固树立法治观念，坚定走中国特色社会主义法治道路的理想和信念，深化对法治理念、法治原则、重要法律概念的认知，提高运用法治思维和法治方式维护自身权利、参与社会公共事务、化解矛盾纠纷的意识和能力。

（5）弘扬劳动精神，全面推动劳动教育，引导学生崇尚劳动、尊重劳动，能够自觉自愿、认真负责、安全规范、坚持不懈地参与劳动，形成诚实守信、吃苦耐劳的品质，培养学生的劳动素养、劳动态度、劳动观念等。

（6）深化职业理想和职业道德教育，帮助学生了解国家发展战略，了解行业发展态势和行业需求，增强职业责任感，教育引导学生准确理解并自觉践行各行业的职业精神和职业规范。

三、建设目标

（一）整体目标

坚持立德树人根本任务，围绕“培养什么人、怎样培养人、为谁培养人”这一根本问题，紧紧抓住教师队伍“主力军”、课程建设“主战场”、课堂教学“主渠道”，全面深化顶层设计机制、部门联动机制、教师考核评价及激励机制，全面推进课程思政建设，形成“一个中心”“三个体系”“五个一流”的建设目标，全面提高人才培养质量，形成具有成职特色的课程思政教育模式。

一是聚焦课程思政教学实践，以专业群为单位，探索构建课程思政系列教学规范，完善专业人才培养方案、课程标准、课程教学设计、教案等教学资源建设要求，构建课程思政教育教学全过程规范体系。结合专业特色，精准分类指导，建成一批课程思政示范专业、课程、团队、名师和资源库。

二是强化课程思政理论研究，大力推进课程思政教学改革，探索方法路径，凝练经验做法，提升课程思政理论研究水平，形成一批高质量研究成果。

三是做好课程思政教师交流培训，突破专业壁垒，汇聚教师合力，务实强化教师课程思政教育教学理念，构建思政课教师和专业教师“1+1”同向同行协同建设机制，培育一批课程思政示范教师，推动教师课程思政建设能力整体提升。

（二）建设成果

建成课程思政教学研究中心，择优认定10项课程思政教学改革研究项目，建设15个示范专业，评选30名课程思政教学名师，建设45个课程思政教学团队，打造140门课程思政示范课程，形成一批课程思政典型案例，全面推进全校课程思政建设。

通过建设教学实践、理论研究、交流培训三大平台，健全课程思政育人体系、保障体系和质量评价体系，总结凝练一批课程思政建设新成果、新经验、新模式，积极打造学院有氛围、课程有示范、教师有榜样、成果有固化的课程思政建设典型，努力打造全面覆盖、类型丰富、层次递进、相互支撑的成职特色课程思政体系。

四、建设任务

（一）思政引领，做好课程思政顶层设计

坚持立德树人方向，加强思想引领，实施“党委统一领导、党政齐抓共管、教务部门牵头抓总、相关部门联动、院部落实推进、成职特色鲜明”的课程思政工作格局，成立课程思政教学研究中心。学校党委负责课程思政顶层设计，教务处牵头抓总、马克思主义学院负责政治把关、科研处负责理论研究、党委组织部和党委教师工作部（人事处）负责人员调配、党委学生工作部负责协调联动、团委负责平台拓展、二级学院负责落实推进。构建由第一课堂、第二课堂、实践课堂和教师层面、学生层面等评价组成的多维评价体系，实施职称评聘、绩效考核和薪酬分配等三大激励机制，构建全员全程全方位育人格局。

（二）分类推进，构建课程思政教学实践平台

1. 实施人才培养目标全贯通

将“立德树人”育人目标全面、深度融入专业群建设目标，动态优化专

业群人才培养方案，重构专业群课程体系，分类推进各类课程建设，实现第一课堂的纵向贯穿；将课程思政建设目标有机融进第二课堂的劳动教育、文化活动和实践课堂，拓宽课程思政渠道，创新多元化载体，实现第二课堂和实践课堂的横向贯通。全面提升学生思想素养，培养理想信念坚定、德智体美劳全面发展，具有一定的科学文化水平、良好的人文素养、职业道德和创新意识，精益求精的工匠精神和可持续发展能力的专业人才。

2. 搭建课程思政教学实践体系

建设“第一课堂＋第二课堂、校内＋校外”的课程思政教学实践体系，分类推进各类课程思政建设。将思政目标贯穿人才培养方案、课程标准、教学计划、教案和课堂教学始终，实现门门有思政、课课有特色的第一课堂课程思政教学体系。聚焦环境美化、社区服务、志愿活动、学生社团、劳动教育等服务型学习劳动实践，完善第二课堂劳动育人体系。结合专业特点，建立课程思政校内外实践教学基地。

3. 实施思政课程和课程思政资源建设

加强学校思政课程建设，以“毛泽东思想和中国特色社会主义理论体系概论”“天府文化”“环境美化”等必修课程为载体，充分应用课堂教学、劳动教育和社会实践，帮助学生坚定理想信念、厚植爱国主义情怀、加强品德修养。用好本土红色文化教育资源，以课程思政示范课程、示范专业、示范教学团队、教学名师、教学资源库以及典型案例建设为抓手，以专业群为单位，校企合作共同开发课程思政资源，挖掘各类课程的育人元素、育人内涵、育人功能。

（三）构建课程思政理论研究平台

根据学校办学定位和专业特点，加强课程思政建设的重点、难点和前瞻性问题的教学改革研究。围绕课程思政建设内涵、建设标准、评价体系、课堂教学、实践教学、教师育人能力提升、学生综合素养提升等关键问题进行选题，积极开展课程思政教学改革研究，提升课程思政理论研究水平。

学校设置课程思政专项教育教学改革项目，鼓励教师申报各级课程思政科研项目，出版教材、论著，获得发明专利、计算机软件著作权、实用新型专利，凝练建设经验和成果，并将研究成果辐射推广至同类型兄弟院校和中职学校。

（四）加强师资队伍建设，构建课程思政交流培训平台

搭建成渝地区双城经济圈高职院校思政课程和课程思政资源共享平台，依托马克思主义学院省级“党建样板支部”建设带动思政名师工作室和“双带头人”工程建设，建成省级思政课创新教学团队。抓住教师队伍“主力军”，分层分级开展课程思政培训，面向校内课程思政示范课程负责人、专业主任、教研室主任、骨干教师组织课程思政专项能力培训。二级学院采取专业研讨、集体备课等多种方式，提升教师的育德意识和育德能力。以赛促建，通过组织教师教学能力大赛，提升教师政治素养和教学能力水平。

（五）建立健全课程思政质量评价体系和激励机制

1. 构建课程思政示范课堂评价体系

构建覆盖第一课堂、第二课堂和实践课堂的课程思政示范课堂评价体系。“专业建设—课程建设—课堂教学”质量评价指标，实施第一课堂质量评价；根据第二课堂项目模块和活动类别，确定以学生满意度和获得感为主要维度的第二课堂质量评价体系；形成以实习标准、实习指导书为主要构成的企业跟岗学习、顶岗实习等实践课堂质量评价体系，将思想政治教育元素融入全过程。

2. 构建课程思政多维评价体系

将课程思政目标、知识目标、技能目标细化分解，建立评价主体多元化、评价内容全面化的全程考核评价体系。评价主体由企业、教师（含专业教师、思政教师和辅导员老师）、学生（含自评）多维构成。全面考核学生对课程知识的掌握度、思政教育的达成度，采用过程评价、动态评价、结果评价等方式对学生思想政治素养发展的过程、增值程度及预设目标的实现程度进行评价。

3. 构建课程思政教学团队激励体系

激发教师开展课程思政的热情，形成职称评聘、绩效考核和薪酬分配等

三大激励机制，培养一支具有自觉育德意识和较强育德能力的教学名师和团队，形成一套科学有效的课程思政教育教学、督导考评、激励绩效体系。

五、组织实施

（一）加强组织领导

学校成立课程思政工作领导小组，建立党委统一领导、党政齐抓共管、教务部门牵头抓总、相关部门联动、二级学院落实推进的课程思政建设工作格局。制定《成都职业技术学院课程思政评价标准》《成都职业技术学院课程思政验收标准》《成都职业技术学院课程思政“一页纸”管理清单》等系列文件，形成政策保障。构建中心及各项目定期汇报协调沟通机制，定期开展研讨交流、汇报、成果展示，形成常态化工作机制。

（二）强化工作考核

建立科学评价体系，定期对课程思政建设情况进行评价，把教师参与课程思政建设情况和建设效果作为教师考核评价、岗位聘用、评优奖励的重要依据，将各部门推进课程思政建设成效纳入学年绩效考核。

（三）划拨专项经费

学校投入专项资金用于课程思政持续建设，通过项目形式对课程思政工作提供资助，并根据年度考核结果实施动态管理，确保专项建设项目顺利实施。

（四）加强典型宣传

充分挖掘课程思政建设过程中涌现出来的先进典型，以榜样赋予课程思政建设创新进取的原动力。针对教学名师、典型案例，充分发挥好学校官方微信公众号等多种媒体的作用，营造良好的课程思政氛围，激发广大教师教书育人的使命感与责任感，切实将全员、全程、全方位育人落到实处。

成都职业技术学院课程思政示范课程申报书

成都职业技术学院课程思政示范课程
申报书

部 门 名 称 ：____________________________（盖章）

课 程 名 称 ：________________________________

课 程 负 责 人 ：________________________________

联 系 电 话 ：________________________________

填 表 日 期 ：　　　　年　　　月　　　日

一、课程基本情况

<table>
<tr><td colspan="8">课程基本信息</td></tr>
<tr><td colspan="2">课程名称</td><td colspan="4"></td><td>授课对象</td><td></td></tr>
<tr><td colspan="2">课程类型</td><td colspan="4">□综合素质类　□专业教育类</td><td>课程学时</td><td></td></tr>
<tr><td colspan="2">开课期数</td><td colspan="2"></td><td colspan="2">学　　分</td><td colspan="2"></td></tr>
<tr><td colspan="2">是否为“马工程”教材相应课程</td><td colspan="2">□是　□否</td><td colspan="2">是否使用“马工程”教材</td><td colspan="2">□是　　□否</td></tr>
<tr><td colspan="2">授课类型</td><td colspan="6">□线上课程　□线下课程　□混合式课程</td></tr>
<tr><td colspan="2">选用教材或主要教学资料</td><td colspan="6"></td></tr>
<tr><td colspan="2">教学改革情况</td><td colspan="6"></td></tr>
<tr><td colspan="8">课程团队基本信息</td></tr>
<tr><td rowspan="5">课程负责人</td><td>姓名</td><td colspan="2"></td><td>性别</td><td></td><td>出生年月</td><td></td></tr>
<tr><td colspan="2">职称/职务</td><td colspan="5"></td></tr>
<tr><td colspan="2">毕业学校/学历学位</td><td colspan="5"></td></tr>
<tr><td colspan="2">研究方向</td><td colspan="3"></td><td>手机</td><td></td></tr>
<tr><td colspan="2">已获得的院级及以上的荣誉奖励、已完成的课程建设与教学改革成果</td><td colspan="5"></td></tr>
<tr><td rowspan="8">课程团队成员</td><td>姓名</td><td>性别</td><td colspan="2">出生年月</td><td colspan="2">职称/职务</td><td>任务及分工</td></tr>
<tr><td></td><td></td><td colspan="2"></td><td colspan="2"></td><td></td></tr>
<tr><td></td><td></td><td colspan="2"></td><td colspan="2"></td><td></td></tr>
<tr><td></td><td></td><td colspan="2"></td><td colspan="2"></td><td></td></tr>
<tr><td></td><td></td><td colspan="2"></td><td colspan="2"></td><td></td></tr>
<tr><td></td><td></td><td colspan="2"></td><td colspan="2"></td><td></td></tr>
<tr><td></td><td></td><td colspan="2"></td><td colspan="2"></td><td></td></tr>
<tr><td></td><td></td><td colspan="2"></td><td colspan="2"></td><td></td></tr>
</table>

二、课程建设

教学目标
建设思路和课程设计（1000 字以内）
根据《高等学校课程思政建设指导纲要》要求，重点围绕达成教学目标，阐述如何科学设计，要结合不同课程特点、思维方法和价值理念，深入挖掘课程思政内容，并有机融入课程教学。同时描述教学内容、教学方法、课时安排等内容。

三、教学效果

教学效果（800 字以内）
重点阐述立德树人成果、教学评价情况及育人典型案例等（现场示范教学视频、教案等资料上传至课程平台，请附网址）。
示范辐射（500 字以内）

四、保障措施

五、审核意见

项目承诺
本人保证示范课程《申报书》填报内容真实，不存在任何知识产权问题。如有违反，本人将承担相关责任。 课程负责人签字： 年　　月　　日
部门审核意见
（盖章） 年　　月　　日

成都职业技术学院课程思政示范课程结题验收报告

成都职业技术学院

课程思政示范课程
结题验收报告书

课 程 类 型	□思政类　　□综合素养类 （□科学素养类、□经管法类、□人文素养类、□艺术素养类）□专业类
课 程 名 称	
项目负责人	
所 属 部 门	
联 系 电 话	

年　月　日

填 表 说 明

1. 本表限用 A4 纸张双面打印填报，本表封面之上不得另加其他封面。

2. 本表填写内容必须属实，所在部门应严格审核，对所填内容的真实性负责。

<table>
<tr><td colspan="2">课程名称</td><td colspan="5"></td></tr>
<tr><td colspan="2">立项时间</td><td colspan="2"></td><td>面向专业</td><td></td></tr>
<tr><td colspan="2">课程负责人</td><td colspan="2"></td><td>性　别</td><td></td></tr>
<tr><td colspan="2">出生年月</td><td colspan="2"></td><td>职　称</td><td></td></tr>
<tr><td rowspan="17">课程思政建设参与人员</td><td>姓 名</td><td>性别</td><td>出生年月</td><td>职　称</td><td>承担的任务</td></tr>
<tr><td></td><td></td><td></td><td></td><td></td></tr>
<tr><td></td><td></td><td></td><td></td><td></td></tr>
<tr><td></td><td></td><td></td><td></td><td></td></tr>
<tr><td></td><td></td><td></td><td></td><td></td></tr>
<tr><td></td><td></td><td></td><td></td><td></td></tr>
<tr><td></td><td></td><td></td><td></td><td></td></tr>
<tr><td></td><td></td><td></td><td></td><td></td></tr>
<tr><td></td><td></td><td></td><td></td><td></td></tr>
<tr><td></td><td></td><td></td><td></td><td></td></tr>
<tr><td></td><td></td><td></td><td></td><td></td></tr>
<tr><td></td><td></td><td></td><td></td><td></td></tr>
<tr><td></td><td></td><td></td><td></td><td></td></tr>
<tr><td></td><td></td><td></td><td></td><td></td></tr>
<tr><td></td><td></td><td></td><td></td><td></td></tr>
<tr><td></td><td></td><td></td><td></td><td></td></tr>
<tr><td></td><td></td><td></td><td></td><td></td></tr>
</table>

续表

目标完成情况	简述课程思政试点建设的目标、建设中采取的措施及完成情况。

续表

<table>
<tr><td>取得的成果</td><td>简述课程思政试点建设中取得的各项教学成果名称、成果形式（包括师资队伍、教材教参、电子课件、试卷库、教学网站、教研论文等）及课程思政试点建设对提高教学质量取得的实际效果（包括学生评价、学生获奖、同行影响、奖励称号等）。</td></tr>
</table>

续表

拟在哪些方面进一步建设。
其他情况（如附件清单等）。
课程负责人诚信承诺： 本人已认真填写并检查以上材料，保证内容真实有效。 课程负责人签字： 年　　月　　日

续表

<table>
<tr><td>部门意见：

部门负责人签字：
公　　章：
年　　月　　日</td></tr>
<tr><td>学院意见：

负责人签字：
公　　章：
年　　月　　日</td></tr>
</table>

续表

<table>
<tr><td>专家组验收意见</td><td>简述课程思政试点建设的既定目标是否实现，拟突破的难题是否解决，成果具备价值或效益以及存在的主要不足。

验收结论：优秀□　　合格□　　延期整改□

验 收 组 长　签名：
验收组成员　签名：

验收日期：　　年　　月　　日</td></tr>
</table>

成都职业技术学院课程思政示范课程“一页纸”管理表

成都职业技术学院“×××”课程“一页纸”项目管理表（20___年）

月份	目标	主要内容	网站成果形式及数量	责任人
1	完成项目一制作	收集整理宣传画册，音频素材和相关文案	图片 20 张、音频 2 个、文档 6 个	
2	完成项目二制作	标准……		
3	完成项目三制作			
4				
5				
6				
7				
8				
9				
10				
11				
12				

注：网站成果形式为音频、图片、视频、文档等。

课程思政教学研究中心

一、课程思政教学研究中心基本情况

（一）组织架构和运行机制

1. 组织架构

实施“党委统一领导、党政齐抓共管、教务部门牵头抓总、相关部门联动、院部落实推进、成职特色鲜明”的课程思政工作格局，成立课程思政教学研究中心，依托教学实践、理论研究、交流培训三个平台全面推进课程思政建设。

2. 运行机制

（1）顶层设计机制。学校党委负责课程思政顶层设计。

（2）部门联动机制。教务处牵头抓总，马克思主义学院负责政治把关，科研处负责理论研究，党委组织人事部负责人员调配，党委学生工作部负责协调联动，团委负责平台拓展，二级学院负责落实推进。

（3）质量评价体系及激励机制。构建由第一课堂、第二课堂、实践课堂和教师层面、学生层面等评价组成的多维评价体系，实施职称评聘、绩效考核和薪酬分配等三大激励机制，构建全员、全程、全方位育人格局。

（二）课程思政建设教学实践情况

从 2018 年起，根据学校党委制定课程思政建设工作实施方案，课程思政教学研究中心扎实推进课程思政建设。

（1）准确把握课程思政建设工作的方向和工作目标，在教学、科研和管理的全过程中，组织教师认真学习相关文件，着力提升教师育德意识和育德能力。

（2）对各级课程思政示范课程教师的授课计划、授课内容和教学实践各环节严格把关；重视师德建设，积极开展与师德规范相关的学习交流活动。

（3）在教学内容、主体、目的、方法中保证正确的教育方向；积极开展专业德育渗透，有力地推动学生的养成教育和思想道德教育工作。

（4）通过整合课程资源，打造开发一批成体系、有深度的课程思政系列课程。目前，学校成功立项首批国家级课程思政示范课程 1 门、示范教学团队 1 个、教学名师 8 名；省级课程思政示范课程 9 门、示范专业 1 个、示范团队 2 个，校级课程思政示范课程 160 门。

（三）发展定位和主要职责

1. 发展定位

坚持“立德树人”根本任务，围绕“培养什么人、怎样培养人、为谁培养人”这一根本问题，紧紧抓住教师队伍“主力军”、课程建设“主战场”、课堂教学“主渠道”，全面深化顶层设计机制、部门联动机制、质量评价体系及激励机制，全面推进课程思政建设，全面提高人才培养质量，形成具有成职特色的课程思政教育模式，建成区域内示范引领和省内外辐射带动的课程思政教学研究中心。

2. 主要职责

一是聚焦课程思政教学实践，结合专业特色，精准分类指导，建成一批课程思政示范专业、课程、团队、名师和资源库；二是强化课程思政理论研究，探索方法路径，凝练经验做法，形成一批高质量研究成果；三是做好课程思政教师交流培训，突破专业壁垒，汇聚教师合力，推动教师课程思政建设能力整体提升。

二、课程思政教学研究中心建设内容

（一）建设理念

贯彻落实立德树人根本任务，充分发挥党委领导核心作用，创新形成“目标贯通、课堂联动、资源协同、多维评价”建设理念，创新构建“534N”课程思政体系，实现思想政治教育贯通人才培养全过程。

1.“5”——纵向贯通“五阶递进”目标体系

以新时代产业发展变化和学生成长需求为导向，结合学校育人目标，研制了逐层分解并反向支撑的“学校—专业群—专业—课程—课堂”课程思政目标链，建立了以专业群为龙头、专业为系统，课程为核心、课堂为基础的纵向贯通、五阶递进的目标体系。

2.“3”——横向联动“三课堂联动”教学实践

将思政教育有机融入第一课堂、第二课堂和第三课堂，通过目标联动、内容联动、评价联动机制，延展第一课堂教学主渠道，充分发挥并提升第二课堂和第三课堂育人功能，构建全员全程全方位育人大格局。

3.“4”——资源融合“四方协同”资源合力

在课程思政教学研究中心的统筹协调下，成都职业技术学院构建了“政、行、企、校”深度合作的协同育人机制，充分发挥课程思政育人资源合力、育人团队合力、育人场景合力，为课程思政资源库提供多重维度、多元主体、多类场景的优势资源支撑。

4.“N”——N（多）维质量评价体系

研制了与目标链相呼应的课程思政评价链，通过多元评价主体，运用结果评价机制，形成评价反馈，构建了多维多元、闭环诊改、持续提升的课程思政质量评价体系。

（二）建设目标

依托成都职业技术学院课程思政教学研究中心，以健全“三个体系”，建成“五个一流”为目标。健全“三个体系”即健全课程思政育人体系、保障体系和质量评价体系。建成“五个一流”即培育一批专业、一批课程、一批团队、一批名师、一批资源，全领域、全过程、全方位实施课程思政，形成可示范辐射的成职经验。

（三）建设内容

（1）形成了标准化的制度体系。课程思政教学研究中心制定出台了《课程思政建设工作实施方案》《课程思政提质培优方案》《课程思政评价标准》《课程思政验收标准》等文件，形成了课程思政教学改革制度保障。

（2）形成了常态化的工作机制。课程思政教学研究中心每周召开 1 次例会、每月开展 1 次研讨交流、每期举行 1 次汇报分享、每年举办 1 次成果展示，形成了中心全过程的常态化工作机制。

（3）形成了高质量的研究成果。课程思政教学研究中心完成了课程思政省级教改科研项目 30 余项，出版专著 6 部，在核心期刊发表论文 14 篇，获得省（市）级社科奖 4 项，入选 2020 年四川省“三全育人”综合改革试点院系。

（四）探索创新情况

1. 目标全贯通

课程思政教学研究中心将“立德树人”育人目标全面、深度融入专业群建设目标，动态优化专业群人才培养方案，重构专业群课程体系，分类推进各类课程建设，实现第一课堂的纵向贯穿；将课程思政建设目标主动、有机融进第二课堂的文化活动和实践课堂的项目体系，拓宽课程思政渠道，创新多元化载体，实现第二课堂和实践课堂的横向贯通。

2. 思政全融入

就第一课堂而言，课程思政教学研究中心创新打造以专业群建设为抓手，以“专业群建设（确定目标）—专业课程体系（分解目标）—各类课程建设（落实目标）”的逐步分解、环环相扣的“目标链”，确保思政目标层层分解，思政元素全面落地；就第二课堂和实践课堂而言，课程思政教学研究中心充分发挥文化活动和实践项目的多样性、丰富性和灵活性特点，根据具体形式，确定思政目标，实现知行合一、全面发展。

3. **评价全方位**

基于成果导向教育理念（Outcome based education，以下简称OBE理念），充分考虑立德树人成效的潜在性、综合性和发展性，探索构建由第一课堂、第二课堂、实践课堂和教师层面、学生层面等评价组成的多维评价体系，及时检验育人成效，诊改提升，为课程思政育人体系的高质量运行保驾护航。

4. **育人全过程**

将课程思政贯穿所有专业、所有课程、所有课堂，实现课内+课外、校内+校外全方位、全区域育人，实现思想政治教育贯穿人才培养的全过程。

（五）资源建设情况

1. **优质资源库全覆盖**

从2018年至今，课程思政教学研究中心逐步实现了课程思政优质资源库全覆盖。先后开发了160门校级课程思政示范课程，高质量推动课程思政建设，发挥核心引领作用，其中建成了校级课程思政公共基础类示范课程45门，打造了公共基础类示范教学团队6个、示范名师5位、典型案例20个，建成省级公共基础类示范课程4门、打造了省级公共基础类示范教学团队1个；建成了校级课程思政专业教育示范课程83门、建成了课程思政专业教学资源库24个，打造了校级专业教育示范教学团队20个、示范名师20位、典型案例50个，建成省级课程思政专业教育示范课程5门，打造省级专业教育示范教学团队1个、示范专业1个；建成校级课程思政实践类示范课程32门，打造校级实践类示范教学团队10个、示范名师8位、典型案例20个。

2. **推广共享效果好**

课程思政教学研究中心以7大专业群为单位凝聚课程思政三类课程，累计开发160门校级课程思政示范课程，四川省课程思政示范课程获批9门，构建育人元素、典型案例、教学设计、微视频、教学成果等教学资源体系，开发教材50余本，形成较为丰富的立体化教学资源，辐射校内外学生以及社区群众逾8 000人次。

（六）培训交流情况

1. 校内交流培训情况

课程思政教学研究中心分层分级开展课程思政培训，邀请全国高职高专思想政治理论课建设联盟副秘书长马前锋教授等专家面向校内课程思政试点课程项目立项负责人、专业主任和教研室主任、准备申报课程思政试点课程教师及其他专兼教师 160 人作课程思政培训讲座；开展课程思政“大学习、大讨论、大调研”活动，面向全校专业主任、骨干教师 230 余人进行课程思政建设培训；面向已立项的课程思政负责人进行专题培训；等等。

2. 承办校外培训情况

课程思政教学研究中心承办了2019年四川省高职院校马克思主义学院院长论坛；举办了2020年四川省高职院校思政课教师教学科研骨干培训班，累计培训教师2 000人次以上；举办了课程思政名师论坛5次，促进了区域思政课程与课程思政协同发展。

3. 应邀到省内外开展课程思政交流、培训情况

课程思政教学研究中心的相关教师到北京、上海、广东、宁夏、内蒙古、湖北、四川、湖南、广西等地开展培训40余场；应邀到内蒙古乌海职业技术学院、广东省国防技师学院、广西柳州职业技术学院、湖南邵阳职业技术学院、广西水利水电职业技术学院、成都纺织专科学校等近20所高校作课程思政专题报告；应邀担任深圳信息职业技术学院、广东科技职院等学校课程思政比赛评委，发挥引领示范作用。

（七）评价体系建设情况

1. 构建 N（多）维质量评价体系

课程思政教学研究中心研制了与目标链相呼应的多维评价标准，形成了由“专业群—专业—课程—课堂”质量评价，第一课堂、第二课堂、第三课堂质量评价，教师成长和学生成才增值性评价共同组成的评价链。通过多元评价主体，运用评价结果机制，综合检测课程思政赋能学生成才、助推教师成长的实效，全面反馈学校育人目标的达成度，闭环诊改，持续提升课程思政实效。

2. 构建课程思政教学团队激励体系

为激发教师开展课程思政的热情，课程思政教学研究中心形成了职称评聘、绩效考核和薪酬分配三大激励机制。培养一支具有自觉育德意识和较强育德能力的教学名师和团队，课程思政教学研究中心形成了一套科学有效的课程思政教育教学、督导考评、激励绩效体系。

三、课程思政教学研究中心建设成果成效

（一）成果取得情况

1. 校内实施成效

（1）强化思想引领，赋能学生成才。

内化精神追求，外化自觉行动。学生第一课堂到课率 98%（提升 5%），第二课堂参与率 92%（提升 8%），第三课堂合格率 99%（提升 2.5%），毕业生对母校满意度 98.58%（提升 3.5%），对专业认可度 90.49%（提升 4.7%），用人单位满意度 95.8%（提升 3.5%）。

传承工匠精神，引领技能成才。我校学生获技能大赛省级（含）以上奖项 488 项，2019 年全国职业院校技能大赛学生获奖数居全国第 28 位、全省第一，双创大赛获奖 140 项，金奖和获奖总数均位列全省第一。

坚持知行合一，积极担当作为。我校学生薛瑾成为全国首批器官移植协调员，被中央电视台等多次报道；12 名学生被授予“中国大学生自强之星”“最美女大学生”“金熊猫”等荣誉称号。

（2）增强育德意识，助推教师成长。

助推师德师风建设，躬亲示范。我校 15 名教师获四川省脱贫攻坚先进个人、成都市师德标兵等荣誉称号。

深入挖掘思政元素，成果丰硕。我校近 3 年开发校级课程思政示范课 160 门，获批省级课程思政示范课 9 门、教学团队 2 个、示范专业 1 个，国家级课程思政示范课 1 门、教学团队 1 个。

教书育人能力提升，成效显著。我校教师获首届全国高校思政课教学展示特等奖 1 项，职业院校传统文化微课大赛二等奖 1 项、三等奖 2 项；获全国教师教学能力大赛二等奖 2 项、三等奖 6 项。2019 年全国教师教学能力比赛获奖数我校居全国第 3 位、全省第一。我校教师获省级教师教学能力大赛一等奖 22 项、二等奖 15 项、三等奖 26 项。我校教师获思政课比赛获奖数居全省第一。

2. 成果推广应用

（1）区域内推广情况。我校“534N”课程思政体系通过承办会议、接待参访、交流培训等方式，在区域内推广应用：承办了 2019 年四川省高职院校马克思主义学院院长论坛、2020 年四川省高职院校思政课教师教学科研骨干培训班，累计培训教师 2 000 余人次；举办了课程思政名师论坛 5 次，促进区域内课程思政全面推进，辐射共享外校学生及社区群众逾 8 000 人次。

（2）国内推广应用情况。我校“534N”课程思政体系及课程思政系列实施方案被广西柳州职业技术学院等 20 余所院校借鉴应用，并经国家教育行政学院等平台在全国推广，中国教育报等国家省市主流媒体报道逾 100 次。首批国家级课程思政示范课“急救护理”在线访问量达 6 000 余人次，省级课程思政示范课“旅行社产品设计”等在线访问量均超 2 000 人次，项目成员应邀到北京、上海等地开展培训 40 余场，具有广泛影响力。

（二）成果使用情况

1. 推动学校内涵发展

依托课程思政教学研究中心，推动课程思政与思政课程协同育人，构建“三全育人”新格局，弘扬天府文化，培养成都工匠，为成都现代服务业提供人才支撑。学校先后被评为“2017 全国高职院校思想政治工作创新示范案例 50 强”“2019 高职院校网络思政工作创新示范案例 50 强”“2019 全国职业院校育人成效和学生管理工作 50 强”。

2. 助推教师能力提升

学校成立四川省高校思想政治理论课蒋家胜名师工作室（四川省高职唯一），聚焦思政先锋，示范引领思政团队成长。我校思政课教师参加教育部首届“教学能力”展示比赛获特等奖（四川省高职唯一）；参加四川省思政课“精彩一课”讲课比赛，获一、二、三等奖各一项，居四川省高职第一；参加全国教师教学能力相关大赛获奖56项，形成了成职思政品牌。

3. **示范辐射效能明显**

课程思政教学研究中心聚焦课程思政建设，深耕高职研究，通过承办会议、接待参访、研究交流、师资培训等方式与国内外兄弟院校进行课程思政的建设思路、经验和成果共享。项目成果被光明日报、中国教育报、中国青年网、中国网等国家、省、市媒体报道15次，课程思政示范课程由国家教育行政学院在全国推广，为兄弟院校课程思政改革实践提供了借鉴，示范辐射效果显著。

四、课程思政教学研究中心建设支持保障

（一）政策方面

1. **政策保障**

构建“党委统一领导、党政齐抓共管、教务部门牵头抓总、相关部门联动、院部落实推进、成职特色鲜明”的课程思政工作体系，依托教务处成立课程思政教学研究中心，发展定位明确、成职特色鲜明、制度保障有力、发展预期良好、建设成效显著。

2. **实施情况**

（1）政策保障。学校党委将课程思政建设纳入学校工作要点、目标考核，作为党代会报告、“十四五规划”重要内容，列入国家优质院校、中国特色高水平学校建设项目任务，加强课程思政教学研究中心的三个课堂、三个平台建设，制定《学院课程思政建设工作实施方案》《课程思政提质培优方案》《课程思政评价标准》《学院课程思政验收标准》《学院课程思政“一页纸”管理清单》等系列文件，探索N种评价体系，课程思政教育教学氛围良好。

（2）机制保障。学校党委负责顶层设计，教务处牵头抓总，马克思主义学院、科研处、党委组织人事部、党委学生工作部、团委、二级学院等部门协同，课程思政教学研究中心落实推进，构建课程思政教学研究中心及各项

目定期汇报协调沟通机制，依托三个平台实现课程思政全覆盖。

（3）人员保障。党委书记担任课程思政教学研究中心主任，1名党委副书记和1名副院长担任中心副主任，中心下设办公室，教务处处长任办公室主任，1名副处长具体负责，配备专职工作人员。

（二）经费方面

1. 划拨专项经费，确保中心建设财政专项

基于课程思政教学研究中心建设规划，学院在“双高”建设的经费支持下计划投入资金1 000万元用于中心持续建设，资金分配为以下三大板块：马克思主义学院思政课建设500万元、课程思政和思政课程资源建设300万元，劳动教育、实践基地平台建设100万元，为中心提供强有力的经费保障。

2. 建立管理制度，确保中心建设规范合理

建立《课程思政教学研究中心资金使用管理办法》等资金使用制度文件，按照“合理配置、突出重点、规范管理”的原则，严格按照中心建设目标与内容，科学合理编制项目预算，按照规定用途和额度合理合法使用资金，加强统筹协调和有效整合。

3. 形成沟通机制，确保中心建设顺利开展

依托中心架构内各部门定期沟通的协调机制，落实课程思政资源建设、理论研究、劳动教育实践等建设过程中的资金协调问题，协调建设内容、落实建设进度等，加强资金日常管理，确保各项目资金使用规范、合理监测，切实保障中心内容建设、成果应用和示范辐射。

（三）条件方面

1. 合理配置人员

课程思政教学研究中心按照校院两级建设。校级中心依托学校教务处设置，由1名副处长专责课程思政工作，专设课程思政教学科，配备3名专职工作人员，马克思主义学院、科研处、组织人事处等部门代表、辅导员代表和专业课教师代表及行业代表组成兼职研究队伍。分中心由二级学院党总支书记、教学管理人员、课程负责人和教师组成。

2. **明确职责分工**

明确教务处、相关协同部门、二级学院、课程负责人和教师的职责。教务处、相关协同部门重在理论研究、政策制定、搭建培训交流平台等，二级学院、课程负责人和教师重在专业和课程层面的教改研究，明确育人目标、优化课程教学设计、完善评价体系，深入挖掘课程思政育人元素，促进专业教育与思政教育在教学实践中的有效融合，扎实推进课程思政在课程和教师两个实体集的全覆盖。

3. **保障研究环境**

校院两级课程思政教学研究中心均有固定办公地点和必备的研究条件。学校建有“两馆一廊”（红色铸魂馆、马列经典阅读长廊、道德讲堂）党建思政体验中心 300 平方米，下一步，中心将高质量建设运营“明德 e 堂”，开发课程思政微课资源库，创新云班课教学，推进在线考试创新，深化“两微一云”信息化教学模式。同时，课程思政教学研究中心将成立项目建设指导团队、开发团队、技术支持团队，团队间分工合作、协同运行，努力为全校教师课程思政改革创设良好研究环境。

五、课程思政教学研究中心建设计划

（一）进一步发挥课程思政教学研究中心教学实践功能，解决思政元素挖掘不深入、融入不充分问题

思政元素的挖掘与融入是一项持续性工作，由于思政元素会随着时代发展产生相应变化，因此，在挖掘与融入思政元素时应坚持与时俱进，不断完善和充实思政教育体系。下一步，课程思政教学研究中心将进一步深化部门联动，以思政理论教育与团学队伍深度融合、思政理论教育与专业教育深度融合两大机制为牵引，深入挖掘思政元素，适时引入现实问题，实现思政教育和专业课教学的有机融合。

（二）进一步发挥课程思政教学研究中心理论研究功能，解决课程思政全面推进中的重难点以及前瞻性问题

课程思政的全面推进，在实践探索的基础上还需要高水平的理论研究，

特别是当前课程思政建设的重点、难点、前瞻性问题的研究。比如课程思政的“三教改革”、各渠道的有机融合及激励机制的优化完善等。下一步，课程思政教学研究中心将进一步加大理论研究，深化课程思政教学改革的措施分析，创新显性教育与隐形教育结合的模式与路径，构建多层次课程思政研究体系。

（三）进一步发挥课程思政教学研究中心交流培训功能，解决教师课程思政能力提升的渠道问题

让教育者先受教育，建设一支政治素质过硬、业务能力精湛、育人水平高超的高素质教师队伍，是课程思政建设的应有之义。下一步，课程思政教学研究中心将加大交流培训力度，通过专业课教师与思政教师集体备课、结对同行等方式，全面提升教师课程思政意识和课程思政能力。

课程思政示范专业

案例　课程思政示范专业建设方案（护理专业）

一、专业基本情况

（一）专业发展沿革

成都职业技术学院护理专业创办于2007年，2010年成为校级重点建设专业，2014年立项为四川省重点建设专业。2017年我校“护理服务实训基地”立项为四川省创新发展行动计划生产性实训基地，2019年我校护理专业成功入围教育部首批“1+X”证书制度老年健康照护职业技能等级证书试点项目，同年被认定为国家级骨干专业。护理专业学生来自云、贵、川、渝、藏五个省、市、自治区，迄今已连续招收15届三年制护理专业学生，培养毕业生2 892名（其中藏族聚居区、彝族聚居区少数民族学生543人），涌现出大量爱岗敬业、具有创新精神的毕业生典型代表，现有在校学生810人。护理专业与助产、智慧健康养老服务与管理专业构成“全生命周期”的智慧康养专业群，作为群内核心专业发挥其引领带动作用。

（二）教师队伍基本情况

护理专业现有专任教师20人，“双师素质”教师比例为85%。师资结构、职称、年龄合理，具有较高的凝聚力和执行力。护理专业教师通过培养和聘用，在校内和教学合作医院选拔，实行“专业双带头人”制度。依托学院教师发展中心，以中青年教师和跨学科的双创团队为重点，通过指导学生技能、课程建设、教学能力比赛、科研创新、社会服务等，全面提升教师信息化教学能力和社会服务能力。护理专业建有稳定的兼职教师35人，高级职称达45%，所授课时比例达64%。以学校“双进工程”为抓手、实施“传帮带”，促进专兼职教师快速成长，打造了一支“双师结构、三能素质”的复合型教学团队。

（三）学生发展情况

护理专业课程设置始终坚持教育部《高等职业学校护理专业教学标准》，以培养学生的职业能力为主线，将新生入学教育、军训汇报、迎新晚会、社团文化节、“5·12”护士节等常规活动制度化，将社团文化节、宿舍文化节、读书沙龙活动、“12·9”爱国朗诵比赛、“橙汁朗读者”朗诵比赛等专业特色活动品牌化，认真组织分院技能大赛、双创比赛、志愿者活动、三下乡社会实践等专业实践活动，最终促成了学生学习成果的多元化。在成都职业技术学院护理专业毕业生就业质量年度报告中，护理专业学生就业率历年都保持在98%以上，专业对口率90%，用人单位满意度98%，全国护士执业资格考试通过率均在95%以上，超过全省同类院校水平。毕业生就业率高、就业质量好、岗位适应性强、工作作风踏实勤勉，受到用人单位一致好评。

二、专业建设成果

（一）专业建设成果

（1）2014年，护理专业立项为四川省重点建设专业，于2017年以建设项目和典型案例双优秀通过验收。

（2）2017年，“护理服务实训基地”立项为四川省创新发展行动计划生产性实训基地。

（3）2019年，护理专业被教育部认定为国家骨干专业。

（4）2019年，护理专业成功入围首批“1+X”证书制度试点老年照护职业技能等级证书试点项目。

（5）2019年，护理专业入选中德老年护理政府项目，该项目由德国联邦经济合作与发展部（DEG）的公共资金资助。

（6）2014—2021年，护理专业学生参加护理技能大赛荣获国家级二等奖1项、三等奖3项，省级一等奖2项、二等奖7项、三等奖7项；参加四川省高职院校大学生养老服务技能大赛二等奖2项、三等奖2项；参加成都市第六届青年技能竞赛暨成德眉资同城化技能邀请赛母婴护理赛项荣获金奖1项、银奖1项；参加各级各类双创大赛获奖24项。

（二）课程思政建设成果

护理专业现有课程思政示范课程国家级1门，省级1门，校级课程思政试点课程2门，示范课程17门，课程思政典型案例6项（见表2-1）。

表 2-1　课程思政建设成果一览表

序号	课程名称	立项类别	级别	立项时间
1	急救护理	课程思政示范课程	国家级	2021.05
2	急救护理学	课程思政示范课程	省级	2020.12
3	微生物与免疫学	课程思政试点课程	校级	2018.11
4	儿科护理	课程思政试点课程	校级	2018.11
5	老年健康照护	课程思政示范课程	校级	2020.01
6	急救护理学	课程思政示范课程	校级	2020.01
7	护理伦理与法律法规	课程思政示范课程	校级	2020.01
8	常见公文写作	课程思政示范课程	校级	2020.01
9	微生物与免疫学	课程思政示范课程	校级	2020.01
10	老年健康照护	课程思政示范课程	校级	2021.03
11	营养与膳食	课程思政示范课程	校级	2021.03
12	生理学	课程思政示范课程	校级	2021.03
13	护用药理	课程思政示范课程	校级	2021.07
14	妇产科护理	课程思政示范课程	校级	2021.07
15	基础护理技术	课程思政示范课程	校级	2021.07
16	儿科护理	课程思政示范课程	校级	2021.07
17	社区护理	课程思政示范课程	校级	2021.07
18	外科护理	课程思政示范课程	校级	2021.07
19	临床护理技能实训	课程思政示范课程	校级	2021.07
20	护理心理学	课程思政示范课程	校级	2021.07
21	老年人膳食与营养	课程思政示范课程	校级	2021.07
22	老年健康照护	课程思政典型案例	校级	2021.07

续表

序号	课程名称	立项类别	级别	立项时间
23	急救护理学	课程思政典型案例	校级	2021.07
24	微生物与免疫学	课程思政典型案例	校级	2021.07
25	营养与膳食	课程思政典型案例	校级	2021.07
26	护用药理	课程思政典型案例	校级	2021.07

（三）教师队伍建设成果

护理专业在学校人才强校战略引领下，以学校“双进工程”为抓手，实行“专业双带头人”制度，初步形成了一支师德高尚、业务精湛、结构合理、充满活力的“双师结构、三能素质”的复合型教学团队，现有专任教师 20 人，兼职教师 35 人。护理专业专任教师中副高以上职称 12 人、博士 5 人、硕士 12 人，中共党员 13 人，“双师素质”教师 85%。护理专业现有国家级课程思政教学团队 1 支、课程思政教学名师 8 人，“四川省优秀教师”1 人，“成都市师德标兵”1 人，“蓉城先锋·党员示范行动”第二批党员示范标兵 1 人，“成都市教育系统优秀共产党员”1 人。护理专业所在支部 2018 年 7 月被评为成都市教育系统先进党组织。护理专业教师获四川省职业教育教学成果奖一等奖 1 项、二等奖 1 项，校级教学成果奖一等奖 1 项、二等奖 1 项；获教师教学能力比赛国家级二等奖 1 项、三等奖 1 项、省级一等奖 6 项、二等奖 2 项；立项各级课题 18 项（其中省市级课题 4 项），公开发表论文 50 余篇；获计算机软件著作授权 13 项，实用新型专利 13 项，指导学生申请实用新型专利 13 项，立项 1 支教师教学创新团队，6 支创新创业教育专业团队。

三、示范专业持续建设计划

（一）建设思路

以习近平总书记在 2018 年全国教育大会讲话中强调的“以凝聚人心、完善人格、开发人力、培育人才、造福人民为工作目标，培养德智体美劳全面发展的社会主义建设者和接班人”精神为指导，以《高等学校课程思政建设指导纲要》（教高〔2020〕3 号）、《四川省教育厅关于全面推进高校课程思政建设落实立德树人根本任务的实施意见》（川教〔2019〕52号）等文件要求为依据，坚持社会主义办学方向，落实立德树人根本任务，按照价值引领、能力达成、知识传授的总体要求，深化护理专业课程思政教学改革，发挥各类课程育人作用，推进全员全程全方位育人，培养又红又专、德才兼备、全面发展的中国特色社会主义建设者和接班人。

护理专业人才培养教育服务于“健康中国”国家战略，融入对生命全过程、全面呵护的新发展理念，坚持立德树人，服务成都全面发展智慧健康服务以及打造万亿级现代化医药健康产业体系的需求，对接全生命周期的健康照护领域，面向母婴护理、临床护理、社区护理、老年护理等岗位群，培养既具备生活照料、医疗护理、心理疏导专业能力，又懂网络信息管理、智能终端应用、数据处理的“仁心精术、智慧创新”复合型健康照护人才。

（二）建设目标

以《国家职业教育改革实施方案》为指导，贯彻落实《“健康中国2030”规划纲要》精神，对接区域发展要求和全生命健康照护产业领域，根据学生认知规律以及健康照护岗位需求，结合学校育人目标，优化“双核四阶”健康照护人才培养模式；发挥专业课程思政教育平台育人作用，以专业为系统、课程为核心、课堂为基础加强课程思政课程建设，将思政教育有机融入第一、第二、第三课堂，全面提高教育教学质量；不断完善课程思政资源库建设，充分发掘和运用各学科蕴含的思想政治教育资源，建设一批充满德育元素、发挥德育功能的通识教育课程和专业课程；加强师德师风建设，以课程改革、教学创新为动力，引导教师自觉将思政教育融入各类课程教学，增强教师育德意识，强化思想理论教育和价值引领，发挥哲学社会科学育人功能；构建全员全程全方位育人大格局。

（三）建设内容

1. 优化“双核四阶”健康照护人才培养模式

结合教育部2019年颁布的《高等职业学校护理专业教学标准》，不断修改完善专业人才培养方案，进一步深化课程思政内容在护理专业中的承载体现，挖掘专业培养目标中蕴含的思政元素，围绕“德技”双核，立足产教融合体制机制建设、人才培养质量保障体制建设、“三全育人”综合素质体制建设三个维度，不断优化四阶递进的健康照护人才培养模式。第一学期夯实专业基础，开设人文素养课程，开展人文讲座，培养学生社会主义核心价值观，参观医院等照护机构以及校内实训，培育学生岗位认知能力。第二学期，在专业课程全面实施课程思政，组织社团活动，实施职业道德养成教育，在“智慧+”健康照护实训中心完成适岗实训，培养学生的适岗能力。第三、四学期开设护理伦理及法律法规等相关课程，开展社区志愿者活动，同时立足“1+X”证书制度，开展职业技能等级证书培训，实施专业核心相融，专业方向分流，培养学生核心专业技能。第五、六学期在医院、养老机构、母婴照护中心完成跟岗实习，进行护士执业资格证书培训，淬炼综合能力，增强顶岗能力，养成敬业仁心的职业素养。此外，设置专业拓展课程，加强信息技术素养的培养。

2. 搭建专业课程思政教育平台

依托教师党支部、教务科及课程组，构建护理专业课程思政教育平台，通过实施党支部“教书育人”质量提升攻坚行动，把支部党组织建设成为立德树人、凝心聚力的主心骨，抓实思政教育主阵地、思政课程主渠道和课程思政主战场，党员同志带头破解专业教育与思政教育“两张皮”的育人痛点，充分发挥“两优一先”模范带头作用，通过重点选树一批课程思政示范团队、示范课程，辐射带动全院课程思政建设整体提升。通过开展课程思政的学习、讨论、备课、教学、竞赛、评价工作，将思想价值引领贯穿于制定教学计划、课程标准，确定课程内容，实施教学评价等主要环节。通过发挥平台作用，在知识传授和能力培养中弘扬社会主义核心价值观，传播爱党、爱国、积极向上的正能量。同时，培养学生职业道德素养和严谨细致、吃苦耐劳的优秀品质，使学生成长为心系人民健康、有时代担当的技术技能型人才。

3. 构建“三平台”课程体系

通过行业企业调研，对接健康服务业新的岗位需求，贯彻落实教育部“1+X”证书制度，形成专业群内底层共享、中层分立、高层融合的“基础课程平台+方向课程平台+拓展课程平台”的“三平台”结构。对接健康照护岗位技能标准，完成课程标准修订，对知识点进行跨专业、跨课程整合与重构，按照护理工作流程设计教学过程，厘清健康照护产业对学生职业素养和技能的新要求，引入全国技能竞赛赛项所涉及的技能点，并融合护士执业资格证书、“1+X”母婴护理、老年照护、失智老人照护等职业技能等级证书培训要求，同时融入创新创业及课程思政元素，实现基于职业工作过程的、模块化的课程设置教学实施，根据课程类型和教学内容，将专业思政教育目标落实为课程思政教育目标，推动专业课程教学和人才培养改革。

4. 加强课程思政制度建设

不断加强制度建设，有力保障护理专业课程思政建设。形成课程思政资源挖掘与动态资源整合制度，专业课教师与思政课教师定期协同备课制度。促进专业教师不断挖掘课程思政教育资源，鼓励专业教师有针对性地申请各级课程思政研究课题，通过教学研究为护理专业课程思政的发展提供充分的资源准备，确保专业课教学体系内的思想政治教育资源能紧跟时代发展的步伐，持续推进课程思政的发展。通过定期的协同备课，克服专业课教师在教学实践中存在的思想政治教育知识和思想政治教育能力不足的问题，利用思政课教师的资源优势，拓宽专业课教师的教学思路，提升专业课教师课程思政教学水平。

5. 开展师资培训，增强教师育德意识

（1）通过各种形式的培训与教研活动，强化教师课程育人的理念。转变教师重知识传授、能力培养，轻价值塑造的固有观念，引导广大教师不断强化、牢固树立课程思政的意识，改变原有的惯性思维和教学方式，转变观念，激发广大教师开展课程思政的内生动力，有效解决教师“不愿”的问题。

（2）搭建学习平台，提升教师课程育人的能力。充分发挥护理专业国家级课程思政示范团队和教学名师的带头作用，加强思政课教师与专业课教师之间的联系，通过协同合作进一步提升专业课教师的思想政治素养，实现专业课教师教学方法体系的完善和教学能力结构的优化。以提升课堂教学质量为突破口，搭建集体教研、专家讲座、案例分析、典型经验交流、现场教学观摩、教学竞赛等平台，加强教师课程思政能力建设，解决教师“不会”的问题。

6. 构建多元多维课程思政评价体系

护理专业课程思政建设期间将通过授课教师、教学督导及专家、学生等多元评价主体，综合检测课程思政赋能学生成才、助推教师成长的实效。基于 OBE 理念，在人才培养过程中切实渗透社会主义核心价值观和专业核心价值观、科学观，引导学生实现自我价值与社会价值、职业价值相统一。构建由课程思政元素、课程思政资源、课程思政路径、课程思政实施、课程思政考核五个一级指标，人才培养方案、课程设置、师德修养、教学团队发展、课程思政成果、教学效果、资源内容等十余个二级指标构成的课程思政多维评价体系，考核评价护理专业在课程思政建设过程中取得的成效，并将该评价体系贯穿应用于护理专业建设的始终，全面反馈教育教学目标的达成度，持续提升护理专业课程思政建设实效。

7. 构建课程思政教育质量保障体系

在课程思政建设工作考核评价体系基础上，护理专业将对照相关制度定期对课程思政工作实施情况进行常态监测、专项检查、重点督导等，使课程思政内化为教师的价值追求和自觉行为。通过“内培外引”，建立一支高素质的课程思政建设教师团队，积极推进专业课程思政教学改革，在教学内容、教学组织、教学方法、时间教学、教学展示、教学反思等环节全面注入思政教育元素，促进课程思政教育课题和教学改革落到实处。围绕护理专业发展定位及人才培养目标，从专业建设与评估标准、课程建设质量标准、实践教学质量标准、教学质量管理标准以及学生学业质量标准等方面建立完整的教学质量标准体系。将教师参与课程思政教学改革的情况作为教师年度绩效考核、职务（职称）评聘、评优奖励、选拔培训的重要标准。

（四）预期成效

成立护理专业课程思政建设团队，分组负责师资培养、资源建设、制度完善等各部分工作；组织专业教师外出学习，集体交流研讨，提升专业教师课程思政育人能力，提高教育教学水平；整理完成课程思政教学资源库建设，完善考核评价制度；在护理专业课程教学中开展课程思政探索，在课堂教学，过程性考核、课后作业或辅导、实践实训等方面全面铺开；组织举办各种竞赛活动，如教师课程思政资源竞赛、教学竞赛、学生思政知识竞赛、技能竞赛等活动，检验建设成果；梳理资料，总结经验，形成建设报告，发表相关论文。

四、政策支持及配套保障

（一）政策保障

学校为进一步推进课程思政建设，于 2016 年 6 月印发《成都职业技术学院德育体系建设方案》，正式启动了专业课程、公共课程德育教育的教学改革；2017 年 3 月印发《成都职业技术学院课程思政教育教学改革试点工作方案》，试点建设课程思政示范专业、课程和团队。2018 年 10 月印发《成都职业技术学院课程思政建设工作实施方案》，以思想政治理论课为主干，以通识课程为延伸，以专业课程为补充，构建全方位大思政教育体系，使显性教育和隐形教育相互融通，既发挥思想政治理论课在社会主义核心价值观教育中的核心作用，又结合通识教育和专业课程的育人功能，全面加强学校思政工作，实现“立德树人”的教育目标，形成多学科优质师资协同育人良好局面，促进学院人才培养能力全面提升，从制度层面保障课程思政建设各项工作的顺利进行。

（二）人员保障

护理专业拥有 1 支国家级课程思政教学团队，8 名国家级课程思政教学名师，专任教师“双师素质”达 85%，50%以上兼职教师是来自临床一线的业务骨干教师，教学团队职称结构合理，教学经验丰富，政治理论水平高，对课程思政有充分的认识和深刻的理解，实施和执行课程思政前期有丰富的建设经验，能够保障课程思政在护理专业的顺利实施。

（三）经费保障

为确保课程思政建设工作顺利开展，学校将给获批专业设立“课程思政建设专项资金”，支持专业课程思政建设。同时，除学院配套专项建设经费外，智慧康养专业群作为学院“双高”建设项目之一，具备充足的经费，可用以保障护理专业作为课程思政示范专业建设高质量推进落实。

（四）组织保障

学校教务处牵头建设课程思政，建立了职能部门参与，二级学院负责的共建工作机制。专业课程思政团队根据任务分解情况，成立课程思政建设小组，明确各自职责，从师资培养、能力提升、资源建设、制度完善、资料收集等方面在组织上保障项目实施。

课程思政示范教学团队案例

案例一　中华优秀传统文化课程思政示范教学团队建设方案

一、团队基本情况

学校名称：成都职业技术学院

团队名称：中华优秀传统文化教学团队

团队负责人：杨扬

课程（群）组成：“国学”“天府文化”“成都故事”等

二、团队建设基础

（一）团队基本情况

1. 课程建设情况

2017 年 1 月，中共中央办公厅、国务院办公厅印发了《关于实施中华优秀传统文化传承发展工程的意见》，充分肯定了中华优秀传统文化传承工作的重要意义，并就做好中华优秀传统文化传承工作进行了全面部署。作为世界上历史最悠久、文明最发达的国家之一，中国在长达 5 000 多年的历史发展长河中，创造了灿烂辉煌的民族文化。面对前人留下的丰厚浩瀚的中华优秀传统文化，高校作为大学生知识文化教育和道德价值教育的主阵地，应当承担起传承与弘扬中华优秀传统文化的时代使命，培养大学生的中国精神，强化其对中华优秀传统文化的认同感。

我院根据习近平总书记关于中华优秀传统文化的相关论述以及教育部相关文件指导，逐步构建起了以“国学”“天府文化”“成都故事”为主体的中华优秀传统文化课程体系（见表 2-2），并确定了文化课程在育人上的作用。正如习近平总书记在北京大学师生座谈会上所言，“中国人民的特质、禀赋不仅铸就了绵延几千年发展至今的中华文明，而且深刻影响着当代中国发展进步，深刻影响着当代中国人的精神世界”“这种伟大精神是一代一代中华儿女创造和积淀出来的，也需要一代一代传承下去”。中华优秀传统文化系列课程的学习，旨在培养学生的爱国情怀、法治意识、社会责任、文化自信、人文精神等，与思政课程一起形成协同育人的效益。

表 2-2　成都职业技术学院中华优秀传统文化必修课+选修课课程体系

<table>
<tr><td colspan="4">成都职业技术学院中华优秀传统文化公共必修课课程体系</td></tr>
<tr><td>课程</td><td>国学</td><td>天府文化</td><td>成都故事</td></tr>
<tr><td>开设学期</td><td>第 1 学期</td><td colspan="2">第 2 学期</td></tr>
<tr><td>课程目标</td><td>本课程从提升学生人文素养入手，通过中国传统哲学思想和中华优秀传统文化的熏陶，着力提升学生人文综合素养，增强文化自信心，提升民族自豪感。培养学生职业核心能力，促成学生全面均衡发展，为各专业人才培养服务</td><td>“天府文化”是以成都平原为核心，在“天府之国”成都发展起来的文化，是一种典型的、特殊的地域文化。通过本课程学习，增进学生对地方文化的了解和认同，理解中华文化的“多元一体”，提升学生人文素养，培养其文化自信</td><td>本课程通过“成都故事”的讲述，增进学生对成都文化的了解和认同，全面提高学生的文史哲、艺术、宗教等人文素质，促进其综合素质的提高和创新精神的养成，提高其对所属文化的自信，更好地服务于地方发展</td></tr>
<tr><td>课程作用</td><td colspan="3">中华优秀传统文化是中华民族的力量之源、情感之源、动力之源和信心之源，是中华民族实现伟大复兴的精神保障。通过三门传统文化课程的学习，有助于提升学生人文综合素养，培养其爱国情怀、法治意识、社会责任、人文精神等，提升民族自信心和自豪感，弘扬社会主义核心价值观，起到文化育人的效益</td></tr>
<tr><td>教学内容</td><td colspan="3">中华民族在长期的生产生活中，形成了地域性差异的文化，而地域文化往往也是中华优秀文化的延续和承载。本院创设性地开设了“国学”“天府文化”“成都故事”中华优秀传统文化系列课程，让学生了解中华文化的“多元一体”，教育引导学生深刻理解中华优秀传统文化中讲仁爱、重民本、守诚信、崇正义、尚和合、求大同的思想精华和时代价值，引导学生传承中华文脉，富有中国心、饱含中国情、充满中国味，并将地域文化与青年价值观教育协同共建，通过地域文化教育，增强学生国家自豪感和民族认同感，增进青年价值观的培育</td></tr>
</table>

续表

	专题一：先秦主要哲学思想 了解中国传统哲学的主要流派和价值取向；熟悉各派别的代表人物及其思想。 专题二：传统文化艺术赏析 了解传统艺术的门类及先民的成就。 专题三：传统服饰 了解汉服的历史演变、特点和制式；理解汉服文化复兴的意义。 专题四：传统饮食 对中国饮食文化的特点、中国饮食文化的发展有一个整体了解；掌握各地方风味的形成、特点、分支、名菜，了解特色风味小吃、饮食器皿。 专题五：传统建筑艺术 了解博大精深的中国古建筑文化；普及和传承中国古建筑知识，增强保护意识。 专题六：传统节日与民俗 了解传统节日的主要内容，掌握传统节日的文化内涵。	专题一：天府品格 了解“天府文化”的定义、时空范围、特征与个性魅力。通过学习激发对地方文化深度了解的兴趣。 专题二：天府历史 了解天府文明起源及历史发展线索及重大事件。学习蜀人不畏艰险、开拓进取的精神。 专题三：天府之“最” 了解天府文化中领先国内乃至世界的具体项目内容；提升乡土热情和自豪感。 专题四：天府遗存 了解主要的天府历史遗存及其历史地位、历史价值、历史变迁。 专题五：天府名人 识记“天府名人”的功绩与成就，传承“天府精神”。 专题六：天府艺术 了解蜀锦、蜀绣与川剧等天府艺术精华，提升审美能力。	专题一：古蜀文明惊天下 通过太阳神鸟金箔、跪坐石像等文物解读古蜀文明及其价值，唤起大家对地方文化的兴趣。 专题二：秦汉成都开创“天府之国” 从天府广场石犀、汉碑等文物了解秦汉成都城市文明。 专题三：三国风云南朝烟雨 从武侯祠、成汉俑等文化遗存了解成都在三国和南朝时期的历史文化遗存，理解成都鲜明的地域文化特色。 专题四：唐宋成都走在世界前沿 从杜甫草堂、交子等文化遗存了解成都唐宋时期的富庶繁华，感受成都在唐宋时期走在世界前沿的城市风格。 专题五：明清成都重启风流 了解以水井坊为代表的川酒、川菜、川剧文化，能综合利用所学知识及自身体验，解读明清成都文化，掌握明清成都历史、文化。

续表

	专题七：传统宗教 了解佛教起源及其中国化；理解佛教对中国传统文化的意义	专题七：天府民俗 理解天府移民历史，移民文化及民俗，领略天府民俗，传承天府文化。 专题八：“食”在天府 理解“天府美食”的重要文化内涵，通过美食激发情感共鸣和学习热情	专题六：现代成都——魅力之都 了解成都建设国家中心城市的发展道路，能独立分析成都各项旅游资源、旅游商品，具备“成都智造”所提倡的创新意识
成都职业技术学院中华优秀传统文化公共选修课课程体系			
课程	“黄帝内经与养身”“中国诗词赏析”“中华武术”“中华饮食文化”“中国传说神话”“传统音乐鉴赏”“中国对联”		

2. 教学改革与建设效果

本院开设中华优秀传统文化课程已有十余年，近年来，团队一直致力于中华优秀传统文化的创新性传承研究，坚持把中华优秀传统文化创新性传承与当代大学生思想政治教育紧密结合，团队教师通过创新传承渠道、教学模式、教学内容、教学手段等，将习近平总书记强调的家国情怀、奉献精神、科学精神等要素有机融入中华优秀传统文化教育中，以爱党、爱国、爱社会主义、爱人民、爱集体为主线，围绕政治认同、家国情怀、文化素养、宪法法治意识、道德修养等重点优化课程思政内容供给，创造性地开展中华优秀传统文化传承的实践和研究，主要从以下四个方面进行探索：

（1）课程内容选择。

习近平总书记在中共中央政治局第十三次集体学习时强调：“培育和弘扬社会主义核心价值观必须立足中华优秀传统文化。”博大精深的中华优秀传统文化蕴含着丰富的哲学思想、人文精神、道德观念等，可以为我们在新时代认识和改造世界贡献智慧。国学经典涵盖了丰富的教育资源：以天下为己任的爱国主义精神；宽厚仁德、浩然正气的德行修养；推恩及人的孝道教育；见贤思齐、和而不同的人际交往原则；自强弘毅、学而不厌的为学思想；等等。通过国学教育，能有效培养有担当、有责任感、有使命感的大学生，引导青年学生构筑中国精神（见表 2-3）。

表 2-3　成都职业技术学院中华优秀传统文化课程核心内容

<table>
<tr><th>高职学生素质要求</th><th>成都职业技术学院中华优秀传统文化课程核心思想及内容</th></tr>
<tr><td>精忠报国、振兴中华的爱国情怀</td><td rowspan="7">核心思想理念。中华民族和中国人民在修齐治平、遵时守位、知常达变、开物成务、建功立业过程中培育和形成的基本思想理念，为人们认识和改造世界提供有益启迪。传承发展中华优秀传统文化，就要大力弘扬讲仁爱、重民本、守诚信、崇正义、尚和合、求大同等核心思想理念。
中华传统美德。中华优秀传统文化蕴含着丰富的道德理念和规范，体现着评判是非曲直的价值标准，影响着中国人的行为方式。传承发展中华优秀传统文化，就要大力弘扬自强不息、敬业乐群、扶危济困、见义勇为、孝老爱亲等中华传统美德。
中华人文精神。中华优秀传统文化积淀着多样、珍贵的精神财富，是中国人民思想观念、风俗习惯、生活方式、情感样式的集中表达。传承发展中华优秀传统文化，就要大力弘扬有利于促进社会和谐、鼓励人们向上向善的思想文化内容</td></tr>
<tr><td>宽厚仁德、浩然正气的德行修养</td></tr>
<tr><td>孝悌忠信、礼义廉耻的荣辱观念</td></tr>
<tr><td>见贤思齐、和而不同的人际交往原则</td></tr>
<tr><td>自强弘毅、学而不厌的为学思想</td></tr>
<tr><td>爱岗敬业的工匠精神</td></tr>
<tr><td>高尚的文化素养、健康的审美情趣</td></tr>
</table>

在课程内容选择上，中华优秀传统文化教学团队既立足历史又紧跟时事，以时事为契机，发挥课程以文化人作用。团队教师将习近平总书记“一方有难、八方支援”的家国情怀、奉献精神、科学精神等要素有机融入课程之中，结合中华优秀传统文化“爱人者，人恒爱之”“穷则独善其身，达则兼济天下”等主张，引导学生尊重生命、敬畏自然，践行仁爱精神，贯彻课程思政理念，落实立德树人育人目标，做好爱国主义、生命安全等教育，提高学生思想道德修养、人文素质、科学精神、法治意识、国家安全意识，在潜移默化中坚定学生理想信念、厚植爱国主义情怀、加强品德修养、增长知识见识、培养奋斗精神，提升学生综合素质。

（2）教学模式及方法。

在教学模式上，基于习近平总书记关于中华优秀传统文化创新性发展的要求，坚持古今融通的原则，立足古代典籍，紧跟热点时事，紧贴学生生活，从社会热点、国际国内形势、现实问题等导入思政内容，坚持讲好中国故事，培养学生结合古代传统精神智慧思考当今问题的思维方式。

创新课堂教学模式，推进现代信息技术在课程思政教学中的应用，激发学生学习兴趣，引导学生深入思考。充分发挥网络教学优势，借助我院自建“国学”“天府文化”资源共享平台和云班课移动教学平台展开混合式教学。

利用网络平台、云班课、朗诵软件多种教学手段以及国学网、传统文化网、孔子学院、古诗文网等网络资源，采用任务驱动、案例教学、小组合作、头脑风暴、文化调研等教学方式，通过视频、图片、文字、讲授多种方式“渗透”，打造数字化、网络化、信息化教学课堂。注重教学模式开放化、教学方式灵活化、过程管理高效化、评价方式多元化，使课堂教学实现知识性、思想性、实践性、趣味性的统一。

（3）教学活动的开展。

在培养渠道上综合运用第一、二、三课堂，打造“课堂学习—校园活动—专业融通”三个立体通道，不断拓展课程思政建设方法和途径，实现“知识传授、能力培养、价值引领”，完成学生“学习感知—吸收内化—创新应用”的成长蜕变，通过中华优秀传统文化的学习，切实打造青年学生文化自信的坚实根基。

课堂学习——打造“国学”课程，用好课堂教学主渠道。依据高职人才培养目标、“国学”课程标准、专业人才培养计划，从学情和教学实际出发，在教学设计上，基于习近平总书记关于中华优秀传统文化创新性发展的要求，希望学生不仅能够了解中华优秀传统文化“是什么”，还能领悟到中华优秀传统文化“能怎样”，明白它的现代价值。坚持立足古代典籍，紧跟热点时事，紧贴学生生活，培养学生结合古代传统精神智慧思考当今问题的思维方式，引导学生亲近并自觉传承中华优秀传统文化，实现中华文化的创造性转化和创新性发展。充分利用信息平台，借助云班课以“小组学习”+“项目式学习”开展“课前—课中—课后”一体化教学模式，并将育德元素贯穿教学始末，注重培养学生团队精神、协作意识、责任担当等品质。

校园活动——开展校园文化活动，构建文化育人氛围。在校内活动中，中华优秀传统文化教学团队与学生处、团委、各分院部密切配合，结合中央、四川省委关于传承发展中华优秀传统文化的决策部署，通过中华优秀传统文化知识竞赛、诵读比赛、讲演比赛、辩论赛、征文比赛等活动落实“立德树人”根本任务。通过传统文化系列活动，有效地引导了学生亲近中华经典，培育了学生的文化自觉，增强了学生的文化自信。

专业融合——实施“文化+”行动，推进中华优秀传统文化创造性转化。作为高职文化课程，中华优秀传统文化教学团队还关注学生中华优秀传统文化学习与专业能力培养的结合，鼓励学生将中华优秀传统文化的学习与专业学习、专业能力培养相结合，推进中华优秀传统文化与相关专业、产业的创新融合和转化，促成高职学生以文化为内核的专业思维，使学生创造性地进行中华优秀传统文化的现代表达。如配合棋艺专业编写《棋之诗》，开展“非遗传承人进校园”系列活动，鼓励学生结合棋类大型公开活动开展文化表演及展示等。

通过“课堂学习—校园活动—专业融通”三个立体的环节，较好地实现了“知识传授、能力培养、价值引领”，完成了学生“学习感知—吸收内化—创新应用”的成长蜕变，通过中华优秀传统文化的学习，夯实了青年学生文化自信的坚实根基。

（4）学习结果的考核。

基于 OBE 理念，中华优秀传统文化教学团队借助各大平台数据制定了涵盖第一、第二、第三课堂学习情况，充分反映知识传授与价值引领结合，及时反映学生成长成才情况的课程评价标准。通过课程学习，培养学生以文化为内核的专业思维，帮助学生坚定理想信念、爱国情怀、文化自信。

3. 建设效果

（1）通过对中华优秀传统文化的学习，加强了学生对中华文化的认知和认同。

通过学习，学生的获得感增强了，开始不知不觉地热爱和亲近中华优秀传统文化，并且开始用他们从中华优秀传统文化中吸取的智慧去认识过去、思考当下、展望未来，在潜移默化中坚定了理想信念、培育了爱国主义情怀、加强了品德修养、增长了知识见识、提升了综合素质。对他们而言，中华优秀传统文化不再活在博物馆里，活在线装书里，它还可以活在我们的身边，为我们答疑解惑，指点迷津。

（2）搭建中华优秀传统文化资源平台，服务学生、服务社会。

自 2015 年以来，学院逐步搭建完善了“国学”“天府文化”资源共享平台以及“云班课”移动教学平台，目前已在平台上开放授课视频 100 余个，非视频资源 1 000 余条，拓展资源上万条，做到了“资源全覆盖”“学习全过程”。课程平台的内容及资源能有效帮助教师教学和学生自学，移动教学平台的使用也能有效拓展学习时空，解决课时量与学习互动的问题，本课程网络平台的搭建，在方便校内师生的同时，也为社会各界传统文化爱好者自学提供了平台。课程平台自搭建以来，服务在校学生 12 000 余人，服务社会人数 9 000 余人。

（3）探索中华优秀传统文化课外学习途径，构建优秀传统文化校园氛围。

课程组与学生处、团委、各分院部配合，结合党中央、四川省委关于传承发展中华优秀传统文化的决策部署和全国、全省教育大会精神。充分借助学生社团的影响和辐射作用，通过征文、知识竞赛、专家讲座等系列活动，发挥中华优秀传统文化凝心聚力、成风化人的功能，借助微博、抖音等载体，积极开展校园实践和社会实践活动，构建学习践行中华优秀传统文化的良好氛围，旨在把中华优秀传统文化的精髓注入到学校教育理念、大学精神培育、校园文化建设中去，让中华优秀传统文化成为滋养学生成长的文化沃土。

（4）实施“文化+”行动，与专业人才培养形成合力。

中华优秀传统文化教学团队在教学案例的选择与课内外活动的设计上与学生专业能力的培养密切结合，紧扣各专业人才核心能力培养，通过“文化+”行动，帮助学生建立文化储备，培养语言表达能力，有效推进了文化课程与相关专业、产业的创新融合和转化，培养了高职学生以文化为内核的专业思维。

（二）团队在课程思政建设方面所做的工作及成效

1. 创建“一网两微三窗”传播载体，传播中华优秀传统文化、讲好天府故事

搭建了课程网站+云班课双平台，充分运用校园网、微博、微信、宣传栏、

电子显示屏、宣传标语等“一网两微三窗”有效载体，充分发挥新媒体对学生价值引领的积极作用，引导学生自觉传承和弘扬中华优秀传统文化，全面提高学生的审美和人文素养，增强文化自信。

2. 深入开展课程思政教学改革，落实立德树人，实现文化育人

近年来，教学团队紧密围绕国家和区域发展需求，结合学校发展定位和人才培养目标，深入挖掘本课程和教学方式中蕴含的思想政治教育资源，坚持不懈用习近平新时代中国特色社会主义思想铸魂育人，引导学生了解世情、国情、党情、民情，坚定中国特色社会主义道路自信、理论自信、制度自信、文化自信。让学生通过学习，通晓天下道理，丰富学识，增长见识，塑造品格，努力成为德智体美劳全面发展的社会主义建设者和接班人。

3. 开展第二课堂活动，营造学习中华优秀传统文化校园氛围

我院以习近平新时代中国特色社会主义思想为指导，结合党中央、四川省委关于传承发展中华优秀传统文化的决策部署和全国、全省教育大会精神，落实立德树人根本任务，在全院范围内开展了天府文化征文、知识竞赛、专家讲座等系列活动；打造了书香棋韵特色图书馆，设置了“蜀地蜀风文化”体验区和家风家训主题阅读区；依托我院人文讲坛开展中华优秀传统文化校园活动，邀请易中天、张志烈等名家名师进校进行“唐诗与成都文化”等讲座。将中华优秀传统文化与文化育人紧密结合，大力弘扬以爱国主义为核心的民族精神和以改革创新为核心的时代精神。

4. 实施“文化+”行动，培养高职学生以文化为内核的专业思维

中华优秀传统文化包含着博大精深、丰富深刻的哲学思想、人文精神、道德观念等，将中华优秀传统文化的学习与专业能力的培养相结合，实施“文化+”行动，能有效推进文化与相关专业、产业的创新融合和转化，促成高职学生以文化为内核的专业思维。同时结合专业活动教育引导学生自觉实践各行业的职业精神和职业规范，增强职业责任感，培养遵纪守法、爱岗敬业、无私奉献、诚实守信、公道办事、开拓创新的职业品格和行为习惯。

如与休闲体育（棋艺）专业深度合作，参与编写《棋之诗》，建设棋文化数据库，开展“非遗传承人进校园”系列活动，配合棋类大型公开活动开展文化表演及展示等，合力培养社会、企业需要的高素质高技能专业人才；充

分依托各专业校内外实训场地开展教学实践。就导游专业而言，发挥其与成都杜甫草堂博物馆、成都武侯祠博物馆、成都金沙遗址博物馆的深度合作关系，开展课内外实践活动；与国际教育学院合作开发针对留学生的游学读本，推进中华优秀传统文化的传播和传承。

5. 加强课程思政学习交流，推进改革成果

近年来，教师团队积极开展课程思政相关教学实践和研究，目前已建成四川省课程思政示范课一门、院级课程思政示范课一门，发表相关论文数篇。同时积极进行课程思政经验的总结交流和相关推广。

（三）课程特色

1. 创新中华优秀传统文化课程教学模式，适应时代需求，提高学生获得感

在教学设计和实施中，坚持“古今融通”的理念，依托国学经典、史料遗迹，充分借助信息化教学手段，立足历史，展望未来，讲好中国故事，传承中华文化。通过创新教学模式、革新教学方法，引导学生认识中华优秀传统文化的当代价值，培养其文化传承的自觉。

2. 推进“文化+”行动，服务专业，服务城市发展

作为地方性高职院校，学院充分结合地方特色，配合市政府发展目标，贯彻“全球视野、国家立场、成都表达”的战略思想，适应并服务于地方城市建设和发展，开展地域文化特色课程，增进学生对地方文化源流的了解，使其能承袭前人的智慧和精神，明确城市未来发展目标，从而滋养人文气质，树立文化自信，助力城市建设。

在教学过程中，团队教师充分贯彻落实习近平总书记关于弘扬中华优秀传统文化的重要论述，紧扣各专业学生人才培养目标、岗位要求，充分利用各专业资源，将中华优秀传统文化的学习与学生专业能力的培养密切结合，实施“文化+”行动，在学习过程、学习成果上鼓励学生对中华优秀传统文化进行创新性表达，有效推进了中华优秀传统文化与相关专业、产业的创新融合和转化，培养了高职学生以文化为内核的专业思维，促进中华优秀传统文化的创造性转化和创新性发展。

三、课程思政教学资源统计

中华优秀传统文化课程思政资源统计如表 2-4 所示。

表 2-4　中华优秀传统文化课程思政教学资源统计表

课程名称	课程育德目标	思想政治教育的融合点	教育方法和载体途径
国学	大力弘扬以爱国主义为核心的民族精神和以改革创新为核心的时代精神，以培育和践行社会主义核心价值观为目标，充分落实“立德树人”的根本任务	中华文明是世界四大古老文明中唯一一脉相承，未曾中断过的伟大文明。通过课程学习教育引导学生深刻理解中华优秀传统文化中讲仁爱、重民本、守诚信、崇正义、尚和合、求大同的思想精华和时代价值，教育引导学生传承中华文脉，富有中国心、饱含中国情、充满中国味	教育方法： 混合式教学 载体途径： 我院“国学”课程资源平台、古诗文网、孔子学院、故宫博物院等网络平台、央视《国家宝藏》等优秀节目
天府文化	增进学生对地方文化的了解和认同，理解中华文化的“多元一体”,提升学生人文素养，树立文化自信	天府文化作为中华文明多元一体宏大格局的重要组成部分，具有极其鲜明的风格特色：开放包容、忠勇豪放、诚信节义、喜文好艺、道法自然、认同中华。通过各个历史时期文化遗存的学习，引导学生理解古蜀先民锐意进取的精神、杜甫忧国忧民的情怀、李冰因势利导的治水智慧、扬雄维护儒学经典的文化传承等，帮助学生认同家乡传统文化，激发家国情怀，实现价值观的内化生成	教育方法： 混合式教学 载体途径： “天府文化”课程资源平台、央视《如果国宝会说话》等优秀纪录片、各博物馆微信公众号优质资源、“智慧金沙”等掌上博物馆 App

续表

课程名称	课程育德目标	思想政治教育的融合点	教育方法和载体途径
成都故事	进一步增强学生对地方历史文化的认同，全面提升学生的人文素养，激发热爱祖国、建设家乡的热情	聚焦成都地区，通过认识各个时期典型的文化遗存，引导学生从区域文化的角度对中华文化的丰富内涵进行多角度、深层次的理解。以社会主义核心价值观为引领，将李冰的敬畏自然思想、文翁的平民教育思想、诸葛亮的为民造福思想等注入学生思想言行中，提升乡土热情和自豪感，激发建设美好家园的热情	教育方法： 混合式教学 载体途径： 借助云班课信息化教学平台，整合成都博物馆微信公众号、金沙智慧导览等信息化工具，实现VR漫游、线上游览数字博物馆等，拓展学生文化学习时空

四、团队建设方案

下一步，中华优秀传统文化教学团队将进一步改革并完善“以教师为主导、以学生为中心、以现代信息技术为支撑、以提高学生人文综合素养为目标”的高职传统文化课程体系，改进“课内—课外，校内—校外”的立体化学习环境，完善评价主体、评价时空、评价要素的多元立体化教学评价体系，以促进教学质量的全面提高，打造有影响力的中华优秀传统文化课程，帮助学生塑造正确的世界观、人生观、价值观。

1. 加强师资队伍建设

推进课程思政建设，教师是关键。推动教师进一步强化育人意识，找准育人角度，提升育人能力，对课程思政建设落地落实、见功见效至关重要。加强师资队伍建设，具体措施包括：

① 加强团队教师课程思政能力，鼓励教师参加各种经验交流、现场教学观摩、教师教学培训活动，依托高校教师网络培训中心、教师教学发展中心

等，深入开展马克思主义政治经济学、马克思主义新闻观、中国特色社会主义法治理论等专题培训。

② 充分发挥教研室、教学团队、课程组教学组织作用。建立课程思政集体教研制度，加强思政课教师与课程组教师合作教学教研，开展课程思政建设。

③ 制定切实可行、长效管理的师资培训制度。坚持定期举办学术报告会，通过试讲、公开课、示范课、研讨课、教学竞赛、教学经验交流等教学基本功训练和技能比赛等活动，切实提高教师整体的教学水平、教学能力和教学效果；分批次组织教师进行学术交流和研讨活动。

④ 加强团队教师信息化技术的培训，鼓励教师使用信息化手段开展教学。

预期成果：建成一支政治素质过硬，教学水平高，教育教学理念新，学科专业扎实，掌握一定的现代教学技能，通晓中华优秀传统文化，长于文化传播，且学历、职称、年龄、双师比例均科学合理的师资队伍。

2. 持续开展"课堂思政"改革，凝练中华优秀传统文化的根本精神和核心价值理念

党的十九大报告明确提出要更好地构筑中国精神。培养高校学生的中国精神，首先应该强化其对中华优秀传统文化的认同感，在全面建设社会主义现代化国家新征程上，我们需要秉持客观、科学的态度，不断赋予中华优秀传统文化新的时代内涵和现代表达形式，使中华民族最基本的文化基因与当代文化相适应，以"立德树人"为根本，结合时代要求，继承创新，将中华核心思想理念、中华传统美德、中华人文精神等传统文化精髓深入到课程体系，把古老的中华优秀传统文化与当代的社会主义核心价值观贯通在一起，为我们在新时代认识和改造世界，推进社会主义精神文明建设贡献智慧。具体措施包括：

① 不断挖掘课程思政案例、元素，每年修订课程标准、每学期修订授课计划，每学期修订教案，持续开展课程思政案例库的建设，不断完善课程设计，细化教学环节。

② 深化教学模式的改革，通过"线上+线下"的混合式教学模式形成"课前—课中—课后"一体化的学习过程实现课内有限时间的有效延伸；借助数字化教学资源有效激发学生的学习兴趣，提高人文学科的人文性和感染力；借

助移动教学助手开展头脑风暴、答疑讨论、在线测试、抢答、摇一摇等活动实现课堂互动和学习成效的检验；将立德树人落实到课程的始终，寓价值观引导于知识传授和能力培养之中，充分探索线上互动功能实现学生“一课一得”。

③ 不断完善中华优秀传统文化必修课课程思政教学体系和内容体系，总结建设经验、模式，进一步开展中华优秀传统文化选修课模块课程的建设。

预期成果：两年内完成我院传统文化课程必修+选课双模块课程的课程思政建设。

3. 打造新时代传统文化的传承路径

习近平总书记在十九大报告中提出，要“推动中华优秀传统文化创造性转化、创新性发展”。“创造性”“创新性”是特性，“转化”“发展”是归旨。中华优秀传统文化既要薪火相传、代代守护，又要与时俱进、革故鼎新。在传承渠道上可采用“课堂+N”模式，坚持在传统课堂主渠道的基础上，开辟更多元的培养路径，创新更多样的手段。具体措施包括：

① 课堂学习——打造传统文化系列课程，站稳课堂文化领地。充分利用信息平台，借助海量网络资源，采用混合式教学模式开展教学，组织课堂，让传统文化“活”起来。

② 校园活动——开展校园文化活动，构建文化育人氛围。充分利用官方微博、微信公众号、官网、校园广播、宣传栏等宣传载体，借助现代传媒手段，构建中华优秀传统文化的良好氛围，把中华优秀传统文化精髓注入到学校教育理念凝练、大学精神培育、校园文化建设中去，以增强学校的文化底蕴，提升学生文化层次，让传统文化成为滋养学生成长的丰厚沃土。

③ 专业融合——实施“文化+”行动，推进中华优秀传统文化创造性转化。将中华优秀传统文化学习与专业能力培养相结合，推进中华优秀传统文化与相关专业、产业的创新融合和转化，促使学生创造性地进行中华优秀传统文化的现代表达。

④ 校外拓展——充分利用社会实践资源，拓展文化学习平台。促进学院与社区、博物馆、文化产业园等企事业单位的合作，为学生的课外学习和知识拓展提供实践平台，夯实青年学生文化自信的坚实根基。

预期成果：两年内完成中华优秀传统文化“课堂学习—校园活动—专业

融通—校外拓展”传承的成熟模式，实现“知识传授、能力培养、价值引领”，完成学生“学习感知—吸收内化—创新应用”的成长蜕变。

4. 推进社会服务，弘扬中华优秀传统文化

中华优秀传统文化不仅是中华民族战胜种种艰难险阻的伟大精神瑰宝，也是实现中华民族伟大复兴中国梦的重要精神支撑，其中蕴含着丰富的育人元素。将中华优秀传统文化贯穿国民教育始终，力求实现以文化人的社会功能。

① 充分利用现代信息技术手段，促进优质资源的共享共用。不断完善课程资源平台的建设，完成包括演示文稿、音视频、动画、虚拟仿真素材、文本、图形图像等本课程所需全套数字教学资源，教学资源年资源使用率和更新率不小于 10%，课程资源逐步面向社会实现全面开放。

② 打造一支通晓地方文化，长于文化传播的“中华优秀传统文化宣传团队”，以社会主义核心价值观为引领，开展中华优秀传统文化进企业、进社区等活动，宣传儒家的仁爱思想、文翁的平民教育、诸葛亮的为民造福等思想，激励人们向上向善、孝老爱亲、忠于祖国、忠于人民，提升传统文化的影响力、凝聚力、创造力，充分发挥高职院校服务地方功能。

③ 充分依托学校政校企合作优势与国际化平台，依托我院丝路学院、新加坡南洋理工学院海外研习中心、中泰熊猫学堂，推送中华优秀传统文化名片，加强中外人文交流，扩大天府文化国际影响力。

④ 发挥地域文化课程的示范性和影响力。我院积极配合政府发展目标，贯彻“全球视野、国家立场、成都表达”的战略思想，适应并服务于地方城市建设和经济社会发展，率先开设了以“天府文化”“成都故事”为代表的区域文化课程，后期我们将不断完善课程改革和建设经验、成果，为全省“天府文化进校园”战略思想提供经验，为全省高校尤其是高职兄弟院校人才培养提供借鉴参考，也为中小学天府文化课程开展提供资源，切实做到服务学生成长，服务地方区域发展。

预期成果：两年内完成所有文化课程的网络资源建设，并面向社会全面开放。

案例二　老年健康照护课程群课程思政示范教学团队建设方案

一、团队基本情况

学校名称：成都职业技术学院

团队名称：老年健康照护课程群教学团队

团队负责人：左莉

课程（群）组成："急救护理""老年人膳食与营养""老年健康照护""微生物与免疫学""生理学""护用药理""常见疾病及康复护理""卫生统计学"

二、团队建设基础

（一）团队基本情况

1. 课程建设情况

课程群紧密对接"健康中国"背景下的老年健康照护人才需求，围绕"仁心精术、济世创新"的专业群课程思政总目标，确定了课程群的"孝老—敬老—助老—亲老—爱老"的课程思政目标，课程建设中以"弘扬孝老文化+精进护老技能+实践助老行动"为主要抓手，形成鲜明的课程思政特色，实现课程思政内化于心、外化于行、固化于品。现已顺利建成国家级课程思政示范课程 1 门、省级精品在线开放课程 1 门、省级课程思政示范课程 1 门，校级课程思政示范课程 6 门。

团队成员坚持以立德树人为目标推进课程资源开发，主持或参与护理、助产、智慧健康养老服务与管理专业的专业教学资源库建设，课程群的 8 门课程均建有线上课程平台，团队成员积极挖掘课程思政元素，建设课程思政教学案例库，为线上线下育训并举供给内容丰富、形式多样的教学资源。创新课程思政融入路径，在知识传授、能力培养中，弘扬社会主义核心价值观，传播爱党爱国爱人民的积极向上的正能量，培养大爱无疆、待老如亲的人文情怀以及识明智审、通时达变的科学精神，将"医者精神、南丁格尔精神、工匠精神、劳模精神、科学家精神"等有机融入课程教学，拓展挖掘这些精神所蕴含的丰富的育人价值，发挥精神的价值引领作用，为老年健康照护专业人才的理想信念、爱国情怀、职业素养、责任担当意识的培育提供深厚的精神滋养，补足精神之“钙”，丰富学生的精神谱系，激励学生走好技能成才、技能报国之路。

2. 教学改革与建设效果情况

（1）构建“孝行教育、四阶递进”的课程思政目标体系。

课程群团队通过集体研讨，反复沟通，深入实践，构建了纵向贯通的专业群—课程群—课程—课堂的“孝行教育、四阶递进”老年健康照护人才的课程思政目标体系。围绕学生成长成才的需求，构建价值引导路径，将育人目标逐层分解并实现反向支撑。

在智慧康养专业群层面，根据专业群人才培养领域的需求和岗位工作特色，将学校德技双核的人才培养目标落实为专业群课程思政育人目标，即“仁心精术、济世创新”。

在课程群层面，根据老年健康照护人才的能力需求，确立课程群课程思政目标，开展“孝老—敬老—助老—亲老—爱老”的孝行教育，根据课程群内各课程在人才培养阶段的分布，序化设计课程思政重点，形成树立职业理想（生命至上、待老如亲）—内化职业素养（孝思不匮、匠技助老）—体现职业担当（护老以诚、佑老惟谨）的课程群课程思政总体方案。

在课程层面，根据课程类型和教学内容，将课程群思政教育目标落实为课程思政教育目标，深入挖掘和凝练课程思政元素，设计课程思政教学策略，制定课程思政考核方案，落实课程反思与诊改，最终形成各具特色的“一课一案”的闭环课程思政设计方案。如“护用药理”课程中的懂药理（博晓药理）、会用药（匠技助老）、善指导（循循护老）；如“老年健康照护”课程中的老年照护认知（懂老为先）、老年心理照护（亲老为乐）、老年生活照护（助老为责）、老年常见疾病护理（护老以诚）、老年安全照护（佑老惟谨）；如“卫生统计学”课程中的明德（明大德、守公德、严私德）、仁心（生命至上、爱佑长者）、精术（识明智审、通时达变）。

在课堂层面，形成课程思政“目标—实施—考核—反思”的“一堂一策”的课堂实施路径，精心设计第一课堂，按照课前启化（导学引思）、课中内化（浸润悟炼）、课后深化（反思践行）的思路，充分发挥第一课堂强基铸魂的主阵地作用。拓展第二、三课堂的思政育人功能，全方位营造课程思政教育氛围，达成浸润式德育目标——“弯得下恭敬之腰，伸得出热情之手”。

（2）营造“纵向三课堂贯通、横向三空间衔接”的课程思政育人环境。

老年健康照护课程群团队营造了纵向三课堂贯通课程思政育人环境。通过知识拓展、案例分享、视频观看、着装体验、角色扮演等方式在老年照护知识和技能的学习中有机融入“生命至上、待老如亲”的课程思政内容，在第一课堂让孝行教育入脑。通过拓展阅读、小组任务、社团活动等途径将“助老为责、精技护老、佑老惟谨”有机融入第二课堂，引导学生感悟“以生命赴使命、用挚爱护长者”的职业使命，在第二课堂让孝行教育入心。通过居家养老、社区养老调研、社区助老志愿活动等，引导学生常怀孝爱感恩之心，常为孝老爱亲之事，体悟“情暖金秋，仁心护老”的职业担当，在第三课堂让孝行教育化行。

老年健康照护课程群团队成员优化课内课外、校内校外、线上线下三种教学时空的课程思政内容。围绕“孝老—敬老—助老—亲老—爱老”核心，挖掘了孝老文化中“忠于祖国、忠于人民、向上向善、亲亲敬长、诚信尚义、友爱互助、以孝养亲、尊亲敬亲、慎独慎微”等课程思政元素；挖掘了护老技能精进中的“敬佑生命、救死扶伤、爱伤奉献、大爱无疆、执着专注、细致耐心、人文关怀、移情沟通”等课程思政元素；挖掘了助老行动实践中的“感恩尽责、和谐友爱、民主平等、责任担当、谦逊友善、敬业乐群”等课程思政元素。同时将“敬佑生命、救死扶伤、甘于奉献、大爱无疆”的医者精神，“博爱、专业、奉献、牺牲”的南丁格尔精神，以“爱国之心、报国之情、强国之志”为核心的科学家精神等有机融入专业课程教学，以职业精神为引领，引导学生树立生命至上、待老如亲的职业理想。

（3）形成“价值引领、先锋示范、社团践行”大思政育人格局。

关于价值引领。课程群团队教师尤其注重对学生心系家国、笃行济世的“大孝”价值观引领，引导学生深刻理解“家强则国兴，国强则家安”的家国情怀，在传统“孝文化”基础上注入社会主义核心价值观，让学生掌握老年健康照护相关知识与技能的同时，坚定了“生命至上、待老如亲”的职业理想，潜移默化地接受社会主义核心价值观的引领，并指导学生定期到社区或合作养老机构开展情暖金秋的助老活动。

关于先锋示范。在 2021 年 11 月的成都新一轮多点散发的新冠肺炎疫情防控中，学生们积极响应芳草街道社区、草堂社区对青年志愿者的征集请求，纷纷第一时间报名加入社区“志愿服务团队”，赶赴各社区核酸检测点位。在此轮新冠肺炎疫情防控中，我院学生参与社区防疫工作近 400 人次，被光明日报等多家主流媒体报道，彰显了学生“‘疫’路逆行”的社会担当。我院历届毕业生中还涌现出大量德技兼修的青春榜样，有被病人称为“生的天使”的西南地区首位器官移植协调员薛同学；有在新冠肺炎疫情防控中成都市公立医院首批医疗队伍年龄最小的志愿者唐同学；有来自藏族聚居区热爱读书、感恩国家民族政策的四川省高校“最美读书人”边同学；有勤于练技荣获四川省老年护理技能大赛三等奖的“9+3”学生昌同学；还有毕业后义无反顾援藏工作的“最美天使”熊同学……，这些青春榜样无一不是课程思政的最佳先锋示范。

关于社团践行。老年健康照护课程群团队教师积极指导学生社团到养老机构和社区开展老年营养知识宣教、老年用药知识宣教、老年急救指导以及老年养生保健等活动，通过走近老人、帮助老人，引导学生理解老人、亲近老人，尊重老人，最终实现“弯得下恭敬之腰，伸得出热情之手”，成为一名热爱养老事业的留得住、干得成的“养老人”。

3. 团队成员教学成果、科研成果和所获荣誉

老年健康照护课程群搭建了校企合作的高水平、结构化双师教学团队。团队成员既有资深专业教师，又有养老机构一线的兼职教师，还有高素质思政课教师。

团队成员每年都定期到养老机构开展岗位调研，了解老年健康照护的发展变化，分析岗位能力需求，根据老年健康照护岗位的特点和需求，重构课程内容体系，围绕“孝行教育”的课程思政目标，将价值观、科学精神、职业素养培育和塑造与专业知识学习有机融合，同时建设线上教学资源。为了深挖老年健康照护思政内涵、践行课程思政理念，强化“教育者先受教育”意识，老年健康照护课程群教学团队利用学习强国平台及培训进修，提升团队教师政治素养、师德修养、育德意识和能力，增强理论自信，提高教学设

计能力。近五年来，团队教师参加课程思政学习培训共计 46 人次。

课程团队通过定期集体教研备课，挖掘课程思政元素，丰富课程思政路径，建设课程思政案例库，构建了完备的课程思政考核体系，教学实施过程遵循思想政治工作规律、教书育人规律以及学生成长规律，落实“立德树人、课程育人、匠心塑人”。2019 年团队教师设计的“院前救护”在教师教学能力比赛中荣获四川省一等奖、全国三等奖；2020 年“急救护理学”立项成为四川省课程思政示范课程；2021 年“急救护理”立项成为教育部课程思政示范课程。

课程团队成员课程建设经验丰富，教学设计能力较强，课程思政研究深入。2021 年团队教师参与申报“党建引领高职院校‘534N’课程思政体系的构建与实践”获四川省教学成果奖一等奖。近五年来，团队成员获各类市级以上奖项共 21 项（见表 2-5）。

表 2-5　课程团队成员获奖情况一览表

序号	奖项名称	时间
1	教育部课程思政示范名师	2021 年
2	教育部课程思政示范团队	2021 年
3	全国高职高专教师教学能力大赛三等奖	2019 年
4	全国高职高专教师教学能力大赛二等奖	2018 年
5	四川省高职高专教师教学能力大赛一等奖	2021 年
6	四川省高职高专教师教学能力大赛二等奖	2021 年
7	四川省高职高专教师教学能力大赛一等奖	2020 年
8	四川省高职高专教师教学能力大赛二等奖	2020 年
9	四川省高职高专教师教学能力大赛一等奖	2019 年
10	四川省高职高专教师教学能力大赛一等奖	2019 年
11	四川省高职高专教师教学能力大赛一等奖	2018 年
12	全国职业院校护理专业教师教学能力大赛二等奖	2017 年
13	全国职业院校护理专业教师教学能力大赛优秀奖	2017 年

续表

序号	奖项名称	时间
14	四川省高等职业院校信息化教学大赛信息化教学设计比赛一等奖	2017 年
15	四川省优秀教师	2016 年
16	第十一届全国大学生电子商务“创新、创意及创业”挑战赛四川省二等奖	2021 年
17	第十五届全国高等职业院校“发明杯”大学生创新创业大赛三等奖	2020 年
18	第九届全国大学生电子商务“创新、创意及创业”挑战赛四川省三等奖	2019 年
19	第三届四川省“互联网+”大学生创新创业大赛铜奖	2017 年
20	成都市师德标兵	2019 年
21	成都市优秀共产党员	2020 年

（二）团队在课程思政建设方面所做的工作及取得的成效

1. 构建了以课程思政为导向的师资团队

秉承“德技并修、工学结合、知行合一”的育人方略，构建由专业教师+企业专家组成的全面覆盖、互相支撑、良性互动的高水平结构化老年健康照护课程思政教学团队。团队成员共计 11 人，由 9 名专业教师、1 名思想政治理论课教师、1 名企业专家组成。团队中有省级优秀教师 1 名，成都市师德标兵 1 名。团队成员中有硕士 7 人，占比 63.6%，博士 2 人，占比 18.2%；高级职称 8 人，占比 72.7%；中共党员 10 人，占比 90.9%；45 岁以下 7 人，占比 63.6%。团队成员职称、年龄、学历结构合理，政治素养较高，教育理念先进，业务能力突出，爱岗敬业，以生为本。团队成员认真学习和践行习近平总书记关于教育的重要论述，以“政治要强、情怀要深、思维要新、视野要广、自律要严、人格要正”的“六要”为根本遵循，通过课程思政教育教学改革培训、专题研讨、党小组学习、主题党日活动等多种形式，培养团队教师热爱养老事业的情怀，并增强“传承和渗透养老情怀”的育德意识，培养和提升“孝行教育”的育德能力，帮助团队教师形成在课程教学中主动研究和强化思想价值观引领功能的自觉意识。

2. 构建了思政特色鲜明的课程和课程群

结合老年健康照护工作岗位需求，对接老年健康照护人才必须具备的知识架构，构建了“专业基础课+专业核心课+专业拓展课”的老年健康照护课程群，将“孝行教育”作为课程群的思政主线，串连“弘扬孝老文化、精进护老技能、实践助老行动”，全面融入课程体系、课程标准、课堂教学，形成思政特色鲜明的老年健康照护课程群。在专业知识和技能教学过程，根据每门课程特点和定位，整合和融入课程群思政目标。充分挖掘思政元素，形成较为丰富的课程群思政资源库。基于成果导向教育理念对课程进行教学设计，包括课程思政目标、课程思政内容供给、课程思政融入路径及课程思政评价，致力于培养高素质老年健康照护人才。

3. 取得了“学生成长、教师成功”的课程思政成效

老年健康照护课程群教学团队师德师风高尚、结构科学合理，团队负责人能力突出、教学改革基础扎实。通过专业教育与思政教育相融合的人才培养模式，实现了立德与树人相统一、育人与成才相统一、引领与塑造相统一、成就与担当相统一。学生学习的自主性显著提升，课程教学的活力得以有效释放，实现了第一课堂与第二课堂的有机结合；学生专业知识得到深入拓展，培养了学生分析问题与解决问题的能力。团队教师的教学能力不断提升，有效促进了老年健康照护课程群内涵建设；创作形成课程思政系列微课堂、微视频，实现在价值传播中凝聚知识底蕴，在知识传播中实现价值引领，切实保障培养目标与培养成效的达成。团队成员在教学改革研究、教学能力竞赛及学生培养等方面斩获多项荣誉奖励，近 5 年先后立项省级教改课题 3 项、校级教改课题 5 项；国家级课程思政示范课程 1 门，省级课程思政示范课程 1 门；获教师教学能力大赛省级以上奖项 9 项。

三、课程思政教学资源统计

老年健康照护课程群课程思政教学资源统计如表 2-6 所示。

表 2-6　老年健康照护课程群课程思政教学资源统计

课程名称	课程育德目标	思想政治教育的融合点	教育方法和载体途径
微生物与免疫学	具有增强体质，全民保健，预防为主，医养结合的观念；具有无菌观念，环保意识和社会责任感；具有不能滥用药物的意识并在临床工作中能坚持医护人员的基本原则；热爱护理专业，热爱职业岗位，具有关爱意识，关心、爱护、尊重病人	1. 概论部分：对职业的认可与关爱病人的结合；不断提高自己职业能力与服务社会的意识结合。 2. 医学免疫基础：做一个具有深层知识沉淀的护理工作人员，更好地服务于病人和社会；增强免疫力，树立预防为主，医养结合的观念，并起到带头和宣教作用。 3. 病原生物学：无菌观念与职业道德的结合；坚持不滥用抗生素的原则，坚守医护人员工作底线；对微观世界病原生物的理解与宣教，体现社会责任感	课堂教学与实践教学相结合；教师启发式教学与学生自学式教学相结合；让学生在课堂中有更多自我表现和表达的机会，开展探讨式学习；让学生在实验中探索真知，理解无菌观念在临床实践当中的重要性

续表

课程名称	课程育德目标	思想政治教育的融合点	教育方法和载体途径
生理学	能运用生理学知识解释正常的生命现象，能分析不同条件变化的情况，机体功能可能出现的变化及相应机制；培养学生刻苦勤奋、严谨求实的学习态度，养成珍爱生命的职业素质和细心严谨的工作作风，能将相关理论知识运用到临床实际，全面提高学生的综合职业能力。围绕“严谨求实”“珍爱生命”“思辨创新”三个课程思政主题，着力培养学生的严谨求实的态度和珍爱生命的职业素养，使学生具备一定的科学思维方式和判断分析问题的能力，并逐步形成思辨创新的意识和能力，提升护理人员的整体素质	严谨求实：“生理学”是一门实验性学科，具有悠久的历史，将研究“血液生理”“神经生理”“内分泌生理”和“免疫生理”的纪录片作为课前学习内容，让学生了解研究过程中科学家们如何设想、验证、反思、再设想的科学研究模式，不断培养学生工作严谨、实事求是的职业态度。 珍爱生命：讲授器官生理时，以典型的疾病案例比如肺动脉高压、先天性心脏病、肾衰竭等作为新课导入素材，让学生去感受患者生活的不易和对生命的渴望，以此唤醒学生珍爱生命，以患者为中心提供优质护理。 思辨创新：通过对不同患者的疾病分析，培养学生多角度、多维度思考和评估人群功能状况的能力，并对学生进行个性化的健康教育，以培养学生的评判性思维、思辨能力、创新能力	通过思政元素的挖掘，精心设计课堂教学，从课前导学到课堂教学案例，再到课后拓展，将思政教育贯穿于教育教学全过程，从而达成知识传授与价值引领融合共生，同向同行的课程思政目标。打造课程在线学习平台，借助分院学生校外实践的第二课堂开展社区公益活动、校园健康知识宣讲等，将课程思政从课堂延伸到课外，多渠道培养学生的社会担当、家国情怀等，营造课程思政教育氛围，达成浸润式德育目标

续表

课程名称	课程育德目标	思想政治教育的融合点	教育方法和载体途径
护用药理	1. 增强爱国情怀和民族自豪感。 2. 具有求知探索精神、创新创业意识。 3. 形成爱岗敬业的职业情感，具有精益求精的工匠精神。 4. 能辩证地看待事物。 5. 建立良好的人际关系，热爱、尊重劳动，不怕苦不怕累。 6. 具有仔细观察、分析问题和处理问题的能力。 7. 具有良好的行为规范和遵纪守法的意识。 8. 具有珍爱生命，促进健康的使命感。 9. 增强养成良好生活习惯的意识	将思政教育纳入“护用药理”教学计划之中，在备课中不断整理和挖掘与药理学相关的现实生活中的思政资源。在教学过程中，引入“热点新闻、医学前沿、行业发展状况”等方面的案例，与学生进行法治意识、社会责任、工匠精神等方面的探讨和思考。如将“国内外医疗水平差异与时代紧迫感、社会责任感相结合；将国内医药领域最新突破与培养学生的爱国情怀及民族自豪感相结合；将药品滥用问题解读与培养学生社会责任感相结合”，将正确的人生观、价值观、世界观融入“护用药理”的专业教学之中，并不断改进教案、教学设计、课件等，在课程中体现思政元素，以期培养出满足现代医护行业需求的高素质满足护理专业人才	改变原来填鸭式教学，创新授课形式，充分调动学生积极性，以达到好的授课效果。如设计典型病案提出问题引导学生讨论；组织学生分析不合格处方问题及并运用所学知识加以改正；模拟医院护患沟通的情景教学；小组观看视频讨论式教学等。充分应用学生喜闻乐见的教学方法展示，通过全方位的教学互动，注重学生知识的内化和吸收，增加学生学习兴趣，提高教学效果。培养学生的参与意识和问题意识，组织学生围绕课程任务开展讨论、演讲与辩论，进行有深度的学习，从而实现思政教育效果最大化

续表

课程名称	课程育德目标	思想政治教育的融合点	教育方法和载体途径
急救护理	着力培养学生爱伤观念及移情意识，引导学生树立以至诚至善、敬佑生命的职业理想，提升生命第一、时效为先、爱伤敬业、移情沟通、慎独严谨、思辨创新的职业素养，形成无私奉献、无畏逆行的职业担当	根据急危重症患者抢救场景将课程内容序化重构为院前救护、急诊救护、重症监护三大模块，9个工作任务。围绕“仁心精术、救死扶伤”的医者精神，深入挖掘急危重症护理的思政教育资源，提炼出“谨以至诚、敬佑生命”“生死时速，必邃必专”“救急扶伤，惟爱以护”“生之重托，惟精以护”四个课程思政主题，分别融入移情沟通、爱伤敬业、团队协作、慎独严谨、思辨创新、健康生活、文化自信、社会责任等德育元素	根据学生认知规律以及急危重症护理岗位需求，“急救护理”将课程思政内容序化为职业理想（至诚至善、敬佑生命）、职业素养（时效为先、爱伤敬业、移情沟通、团队协作、慎独严谨、思辨创新）、职业担当（无私奉献、无畏逆行）的递进层次，引导学生将职业理想内化于心，职业素养外化于行，最后达成职业担当，固化于品，构建起德技并修的职业成长层级

续表

课程名称	课程育德目标	思想政治教育的融合点	教育方法和载体途径
老年人膳食与营养	围绕“仁心”“精术”“情怀”三个课程思政主题，着力培养学生的移情意识，建立爱伤观念以及正确的健康观念，帮助学生建立敬老、爱老、孝老的职业理念，养成积极的职业情感和良好的职业素质，形成严谨、求实、创新的工作作风和高度负责的专业态度，支持学生获得基于专业情境的创新创业思维、行为和个人品质、技能的发展	教学内容包括“博晓膳识——老年营养认知、精进膳技——老年营养配餐、惟爱膳护——老年营养护理、循循膳导——老年营养指导”四个模块。课程立足专业人才培养目标，以立德树人为根本，以“爱老、敬老、孝老、助老”为核心，通过第一课堂筑牢思政基础，第二课堂拓展职业素养，第三课堂践行职业担当，构建课内课外、校内校外、线上线下构建全员全程全方位课程思政格局，使专业学习与课程思政相融共生，行稳致远	采取角色扮演、小组任务、话题讨论、拓展学习、政策宣讲、思政小讲课、社团活动、社会调研等教学方法，创新课程思政路径。依托案例、视频、实训、阅读资料、微课等，将课程思政元素基因式融入教育教学全过程，构建“第一课堂筑基、第二课堂拓展、第三课堂践行”的课程思政格局
老年健康照护	引导学生尊老敬老，树立爱老助老的职业理想，培养爱岗敬业、移情沟通、慎独严谨、思辨创新、生命至上的职业素养，形成甘于奉献的职业担当	根据老年人照护岗位任务将课程内容序化重构为老年照护认知、老年人日常生活照护、老年人心理照护、老年人安全照护四大模块，12个工作任务。围绕“仁心精术”的医者精神为核心，深入挖掘老年健康照护的思政教育资源，“社会责任”“五心护理”“仁爱友善”“生命至上”四个课程思政主题，分别融入爱老助老、爱岗敬业、移情沟通、慎独严谨、思辨创新、生命至上、甘于奉献等德育元素	根据学生认知规律以及老年照护岗位需求，将课程思政内容序化为树立职业理想（爱老助老）、提升职业素养（爱岗敬业、移情沟通、慎独严谨、思辨创新）、形成职业担当（生命至上、甘于奉献）的三个阶段层次，引导学生将职业理想内化于心，职业素养外化于行，最后达成职业担当

续表

课程名称	课程育德目标	思想政治教育的融合点	教育方法和载体途径
常见疾病及康复护理	热爱老年照护服务工作、忠于职守，履行岗位职责。以人为本，根据老年人生理、心理、社会等方面的需求，在岗位上体现 尊老、爱老、孝老理念，为老年人提供优质照护服务。尊重老年人的人身权利，注意保护老年人的隐私，自觉维护老年人的权益。认真学习专业技术，在工作中精益求精，不断提高专业服务能力。对同事以诚相待、互敬互让、取长补短、助人为乐，具备良好的沟通协调能力	根据专业人才培养目标和岗位需求，调研养老护理岗位能力和养老院工作特点，立足课程标准，结合“1+X”职业技能等级证书要求，采用线上线下结合、课内外结合、校园内外结合的方式，通过构建思政案例库、学生参与是主体、教师表率为主导、综合评价全面考察，将课程思政元素渗透到教学全过程，实现专业课与思政教育有机融合，润物无声	通过思政元素的挖掘，精心设计课堂教学，结合课堂上下，从课前导学到课堂教学案例，再到课后拓展学习，将思政教育贯穿于教育教学全过程。结合线上线下，依托智慧职教和优慕课等平台，建设课程线上教学资源，将课程思政教育从线下延伸到线上。结合校园内外，开展社区志愿者活动、专业实践活动、社会调查活动等，宣传老年健康知识、普及老年照护技能，着力培养学生的团队精神、协作意识、社会责任等品质，拓展第二课堂的思政育人功能

续表

课程名称	课程育德目标	思想政治教育的融合点	教育方法和载体途径
卫生统计学	通过本课程学习使学生掌握统计设计、资料收集、统计整理和统计分析的定量研究方法，建立辩证思维、系统思维、评判思维等数理统计观，从而具备在临床护理、社区护理等岗位中实施循证护理，开展临床科研的统计思维。 能使用统计软件实现临床护理、社区护理数据管理和分析，具备正确解释和表达统计分析结果的综合能力，养成严谨求是的科学观和勇于担当的社会责任感。 树立以科学精神为内涵的人生观、世界观，建立终身学习的意识，为学生继续深造奠定医学统计学的数理基础。 立足专业人才培养目标，结合“卫生统计学”课程本身的特点，确定了课程“三维”思政目标：明大德、守公德、严私德的理想信念（明德）维度目标；生命至上、爱佑患者的职业价值（仁心）维度目标；识明智审、通时达变的专业素养（精术）维度目标	通过案例研讨、头脑风暴、视频观看等途径将“敬佑生命、救死扶伤、甘于奉献、大爱无疆”的医者精神和以“爱国之心、报国之情、强国之志”为核心的科学家精神融入课堂教育，引导学生将医德高尚、医术高明作为终生追求的职业理想。 通过认识论和方法论的训练使学生形成辩证唯物主义科学观。 通过拓展阅读、小组任务、社团活动等途径将“生命至上、舍生忘死”的抗疫精神以及“坚持真理、坚守理想、践行初心、担当使命”的建党精神有机融入第二课堂，引导学生感悟“以生命赴使命、用挚爱护苍生”的职业使命。 将“爱岗敬业、争创一流、艰苦奋斗、勇于创新、淡泊名利、甘于奉献”的劳模精神以及“执着专注、精益求精、一丝不苟、追求卓越”的工匠精神融入社区调研、临床试验，引导学生体悟“上善若水，仁心相护”的职业担当	围绕课程思政目标，深入挖掘爱国情怀、社会担当、文化自信、敬业奉献、诚信尚义、友爱互助、克己复礼、慎独慎微、严谨求是、敬佑生命、救死扶伤、爱伤奉献、大爱无疆、执着专注、细致耐心、人文关怀、移情沟通等课程思政元素，建设思政素材库和案例库。 以案例为载体实施问题导向和任务驱动教学，通过显性教育与隐性浸润相结合，实现知识学习与价值塑造同频，专业素养与理想信念同向

四、团队建设方案

（一）建设目标

1. 总体目标

紧密对接老年健康照护岗位，以立德树人为根本，构建“基础课+核心课+拓展课”三位一体的专业课程思政价值链，组成类型丰富、层次递进、相互支撑的课程群，完善老年健康照护课程群思政体系，持续推进课程思政改革，丰富课程思政内容供给，开发课程思政资源，创新课程思政路径，配套形成全面覆盖、互相支撑、良性互动的高水平结构化课程思政教学团队，提升团队成员课程思政建设能力。通过科学统筹、协同合作、改革创新、科学评价等方面多措并举，将思想政治教育的原则和要求“基因式”融入课程群建设，在推广先进教学理念、实施教材教法改革、丰富课程内涵、优化教学设计、改进课堂管理等方面充分发挥辐射引领作用。

2. 具体目标

课程思政示范教学团队建设计划分为 4 个阶段实施，每个阶段的进度安排及考核目标如表 2-7 所示。

表 2-7　课程思政示范教学团队建设计划阶段性进度安排及考核目标表

阶段	时间	建设进度	考核指标
第一阶段	2021 年 12 月—2022 年 1 月	课程群团队研讨建设方案以及任务分工	1. 团队建设方案。 2. 团队建设任务书
第二阶段	2022 年 2 月—2022 年 6 月	完善课程群课程思政体系，持续推进课程思政改革	1. 团队建设机制相关资料。 2. 教育改革课题立项 2 项。 3. 省级课程思政示范课程立项 1 门。 4. 发表高水平论文 2 篇
第三阶段	2022 年 7 月—2023 年 6 月	丰富课程思政内容供给，开发课程思政资源，形成课程群课程思政资源库，提升团队成员的课程思政建设能力	1. 省级及以上精品在线开放课程不少于 1 门。 2. 省级及以上教学能力竞赛奖励不少于 2 项。 3. 编写校本教材不少于 3 部。 4. 发表高水平论文不少于 8 篇。 5. 指导学生在省级及以上技能竞赛和创新创业大赛获奖不少于 3 项

续表

阶段	时间	建设进度	考核指标
第四阶段	2023年7月—2023年12月	完善总结报告及资料汇总，将相关成果提升、凝练并适时推广，形成可借鉴范式和样板	1. 课程思政教学团队建设总结报告。 2. 形成典型案例并推广应用

（二）建设机制

1. 以校企合作为保障，形成合理的团队组织机制

在校企合作背景下，开展校企合作课程思政建设的学理探索，课程思政元素的全过程融入推动了老年健康照护人才培养模式创新。校企协同育人促进了课程群思政体系的构建与发展。学校、企业、教师三者利益共同体的形成，为建设一支师德高尚、业务精良、结构合理的课程思政示范教学团队提供制度保障。

2. 以课程群建设为载体，形成高效的团队运行机制

老年健康照护课程群紧密对接老年健康照护岗位需求，重视课程规划，构建“基础课+核心课+拓展课”三位一体的课程思政价值链，组成类型丰富、层次递进、相互支撑的课程群。教学团队依托课程群建设，全面打造精品课程、编写精品教材、开发教学资源，开展包含示范教学、教学研讨、教改科研在内的系列教学活动，实现教学团队各项工作的高效有序运行。

3. 以教学改革互动为纽带，建立健全团队工作机制

教研先行，以研促教，边研究边实践。通过教改及实践项目的团队合作，开展技术攻关和成果总结，通过校企间、院校间、国内外同行的交流互访，树立正确教学理念，丰富及优化课程的思想政治教育融合点，提升团队成员的教学能力与水平，增强教学内容的前沿性和动态性。

（三）重点举措

1. 优化课程群课程思政体系

通过全局性的育人理念、融合性的课程理念和协同性的教学理念，优化以团队负责人为主导，以骨干成员为核心，以课程群为依托，将立德树人贯彻始终的课程思政教学团队建设运行模式。通过整体设计，实施专业课程思

政改革措施，形成具有“孝行教育”特色的课程思政体系；立足老年健康照护人才培养实际，坚持以人为本，构建高素质健康照护人才价值观体系。通过专业课程群教学，帮助学生在进行知识技能学习的同时，思考、理解、内化“孝老—敬老—助老—亲老—爱老”。

2. 优化课程思政内容供给

与合作企业共同深入挖掘课程群中蕴含的思政元素，从学生亲身经历、临床照护案例、社会热点问题、健康照护历史、著名影视剧等发掘课程思政素材，优化课程思政内容供给。探索专业知识与思政内容有机融合的方法，讨论课堂教学实践中的实际问题，创新课程思政教学改革理念，有效推进课程思政模式的实施及优化。

3. 创新课程思政融入路径

充分用好课程群相关的专业资源库、MOOC、省级校级精品资源共享课程等线上资源，积极探索第一课堂和第二课堂的融合效应，搭建突破时空限制的“多维—立体—交互”式教学平台，将思政元素串接、辐射相关专业知识模块，融“思政”于专业教学全过程。此外，在思想政治教育与课程有机融合的理念指导下，对课程群教材实施深度开发。通过传统孝文化、南丁格尔精神等生动素材，培养学生的高尚情操；通过理论实践融合、临床照护案例等现实素材，提升学生的评判思辨层次；通过专业实践教学、岗位技能要求等实践素材，提升学生的专业素养。

4. 提升课程教学团队育德能力

成立老年健康照护课程群思政工作室，进行集体备课、集体研讨、示范教学、模块化教学。注重教学团队的梯队建设，以团队带头人为示范引领，提升青年教师综合素养，坚持专兼结合的师资双向互动培养，促进师资结构的多元化。在教学过程中践行知行合一思想，以知促行、以行求知，培养德技并修的高素质技术技能人才。

（四）预期成果

通过老年健康照护课程群课程思政示范团队建设，将实现团队教师能力上台阶，教材教法改革有成效，人才培养质量有突破，逐步形成全员全程全方位育人格局，实现思想政治教育与老年照护技能培养融合统一。预期的标志性成果包括：

（1）课程群中新增省级课程思政示范课程不少于 1 门。

（2）省级及以上教改立项不少于 1 项，院级教改课题立项不少于 2 项。

（3）开发省级及以上精品在线开放课程不少于 1 门。

（4）获得省级及以上教学能力竞赛奖励不少于 2 项。

（5）深入挖掘课程思政资源，开发基于课程特色的校本教材不少于 3 部。

（6）团队成员在高水平期刊发表论文不少于 11 篇。

（7）指导学生在省级及以上技能竞赛及创新创业大赛获奖不少于 3 项。

案例三　旅游管理课程群课程思政示范教学团队建设方案

一、团队基本情况

学校名称：成都职业技术学院

团队名称：旅游管理课程群教学团队

团队负责人：薛佳

课程（群）组成："旅行社产品设计""旅游创新创业实务""当今旅游业""中国旅游地理""旅游大数据分析""旅游文案策划""旅游电子商务""导游实务""旅游网络营销"

二、团队建设基础

（一）团队基本情况

1. 课程建设情况

在"旅行社产品设计"省级课程思政示范课程的引领下，成都职业技术学院对以旅游管理专业为核心的旅游大类专业群课程体系和人才培养模式进一步改革创新，形成了"文旅融合，文创赋能，技术赋值"的课程思政发展定位。对旅游管理课程群的系统规划、整体发展，构建了高职院校旅游类学生从大一进校的"职业生涯教育"，到在校期间的"职业使命教育"，再到大三毕业走上工作岗位的"终身学习教育"的完整课程思政体系。

2. 教学改革与建设效果

旅游管理课程群教学团队在将社会主义核心价值观有机融入课程教学过程中，积极推进旅游管理专业人才培养模式的改革创新，致力于培养理想信念坚定，德、智、体、美、劳全面发展，具有一定的科学文化水平，良好的人文素养、职业道德和创新意识，精益求精的工匠精神，较强的就业能力和可持续发展能力；适应世界旅游目的地中心城市、世界文化名城旅游产业发展需求，具有"互联网+旅游"创新创业思维，熟练掌握一门工作外语，具备较强旅游信息化应用能力，面向旅游营销和服务管理的高素质技术技能型人才。

在主动适应成都"文化+旅游"产业融合发展新趋势的过程中，走"四化一引领”（即集团化、国际化、标准化、信息化和创新创意引领）的改革路径，以培养国际化的文化创意特色旅游技术技能人才为目标，坚持立德树人，依托成都旅游职教集团创新文化旅游创意中心的产教融合育人机制，优化“三方跨界、三位一体”人才培养模式，全面提升人才培养质量和社会服务能力。

在《高等职业教育创新发展行动计划（2015—2018 年）》国家级骨干专业旅游管理专业的整体人才培养模式指导下，作为全国党建工作样板支部培育创建单位的成员，旅游管理课程群教学团队对标世界旅游组织教育质量认证标准，对原有课程体系进行优化，按照群内专业底层共享、中层分立，高层互选的原则进行构建。底层为公共课程和专业基础课程，公共基础课程平台包括“思想道德与法治”等 13 门课程，公共选修课程包括 4 门课程，专业群基础课程平台包括“当今旅游业”“旅游市场营销”“旅游创新创业实务”“职业礼仪与形象塑造”4 门课程；中层为专业方向课程，共有“旅行社产品设计”“旅游电子商务”“旅游项目策划”等 11 门课程；高层为专业限选课程，扩展和提升职业能力，拓宽学生职业能力范围，共设置专业限选课程 2 门。

以“旅行社产品设计”课程团队为核心的旅游管理专业教学团队，在梳理清楚当今旅游业、中国旅游地理、旅游大数据分析、旅游文案策划、旅游电子商务、旅游创新创业实务等各门专业核心课程之间的逻辑关系之后，以项目化教学为载体，设计安排出“课程内部连续、课程之间衔接”的旅游产品设计、开发、销售、推广等系列教学实践活动，依托智慧职教和云班课开展线上线下混合式教学。在进行项目实践过程中，突出劳动精神和爱岗敬业教育，引导学生在进行探究式学习的同时，践行“爱国、敬业、诚信、友善”的现代公民个人价值准则。

旅游管理课程群教学团队通过专业学习、教研活动、课程建设、科研项目、专题讲座、竞赛指导和师徒制等方式，积极指导青年教师发展。新进青年教师均具有博士或硕士学位，知识储备充足、知识结构完善，但教学经验和能力还需要积累和提高。通过“传帮带”的方式，青年教师得以快速成长，团队成员有 2 人获得四川省教师教学能力竞赛一等奖，大幅提升青年教师教学技巧与教学能力。通过参与课程思政和专创融合课程建设，青年教师深入理解立德树人在专业教学中的重要作用，建立创新创业教学团队 4 个，与学生共同创新实践劳动教育，所带学生在“互联网+”“挑战者杯”“三创赛”等创新创业类竞赛中获奖 6 次，在全国大学生红色旅游创意策划大赛中获奖 2 次。教学团队不断探索知识传授和价值引领相统一、显性教育和隐性教育相统一、统筹协调和分类指导相统一、总结传承和创新探索相统一的课程思政示范教学团队可持续建设发展路径。

（二）团队在课程思政建设方面所做的工作及取得成效

1. 示范引领，构建专业教育课程的育人大格局

“旅行社产品设计”省级课程思政示范课程师资团队在持续性、提升性建设课程的基础之上，不断探索线上线下混合式课程思政建设路径。同时以该课为核心的旅游管理课程群教学团队，一方面依托全国示范性职业教育集团（联盟）培育单位——成都旅游职业教育集团向兄弟院校和中等职业院校分享课程思政建设经验，另一方面借助在线视频公开课、国家教育行政学院中国教育干部网络学院等途径向全国进行推广示范。

目前，本教学团队已建成省级课程思政示范课程 1 门，省级精品在线开放课程 1 门，省级精品资源共享课 1 门，院级课程思政示范课程 1 门，专创融合课程国际认证 1 门，院级创新创业教学团队 4 个，全国职业院校技能大赛教学能力比赛三等奖 1 项，省级教师教学能力竞赛一等奖 2 项，省级高等教育人才培养质量和教学改革项目 1 项，院级高等教育人才培养质量和教学改革项目 1 项，课程思政研究论文获成都市职业教育教学改革优秀论文评比一等奖 1 项，成都高职中专教育学会职业教育优秀论文评选活动二等奖 1 项，公开举办课程思政专题讲座 3 场。

2. 充分研究，探索旅游专业课程思政建设路径

以省级课程思政示范课程“旅行社产品设计”为例，系统全面阐释在进行课程思政建设时如何找准每一门课程的原点、关键点和亮点，在此基础之上建设成相互关联、互补互促的课程群体系。

在“旅行社产品设计”课程所在的旅游管理专业人才培养定位的基础之上，将“旅行社产品设计”课程定位为：随着移动互联网和数字技术推动下中国“新消费时代”的到来，培养出能够精准定位游客需求，充分挖掘市场潜力，具备传统文化旅游产品创新转化能力，胜任旅游产品个性化和体验性

开发的旅行社产品设计专业人才。“传统文化旅游产品创新转化能力”就是该课程的核心职业能力，同时也是课程思政的着眼点。

新时代旅游业体现出多样性、多元性和多变性三大特征：从大众观光旅游到个性化体验旅游、休闲旅游，从团队旅游到自助行、定制旅游，越来越多的新业态随着不断增长的旅游需求产生和发展；旅游与其他产业的有效融合，产生了文化旅游、研学旅游、体育旅游、养生旅游、会展旅游等新产品；创新创意快速融入旅游业，各种新产品层出不穷。旅游产业的新发展对“旅行社产品设计”课程思政建设提出了新的要求。

“旅行社产品设计”课程的教学目标是在充分进行行业、岗位调研以及学情分析的基础之上确定和细化的，最终提炼出该课程的三大职业核心素养：“游客为本，服务以诚”“质量至上，规范操作”“思维创新，文化自信”，课程思政教育内容、教学方法和载体紧紧围绕这三个核心素养进行设计。

3. 找准主线，打造立德树人的专业课程群体系

旅游管理课程群以旅游产品生产的工作流程为主线，从产品设计—开发—销售—推广全流程入手，将“新规范、新业态、新技术”有机融入，构建课程群的职业核心能力与素养培育体系。以“旅行社产品设计”省级课程思政示范课程成功孕育的“游客为本，服务以诚”“质量至上，规范操作”“思维创新，文化自信”的职业核心素养体系为中心，构建起“思想政治坚定、德技并修、全面发展”“‘互联网+旅游’创新创业思维”“较强的旅游信息化素养”“集体主义观念、大局意识和团队协作精神”“终身学习能力”“为区域经济和社会发展做出贡献”的六维度课程群“立德树人”培养体系，并在此基础之上，形成了涵盖“当今旅游业”“中国旅游地理”“旅行社产品设计”“导游实务”“旅游大数据分析”“旅游文案策划”“旅游网络营销”“旅游电子商务”和“旅游创新创业实务”9 门专业课程的旅游管理课程群课程思政教学体系。

三、课程思政教学资源统计

旅游管理课程群课程思政教学资源统计如表 2-8 所示。

表 2-8　旅游管理课程群课程思政教学资源统计

课程名称	课程育德目标	思想政治教育的融合点	教育方法和载体途径
旅行社产品设计	1. 能够精准定位游客需求，充分挖掘市场潜力，具备中华优秀传统文化旅游产品创新转化能力，胜任旅游产品个性化和体验性开发设计。 2. 在可持续学习与创新过程中培养独立思考、自主学习和与人合作探究的团队协作精神。 3. 引导学生树立遵法守纪、诚实守信、严谨负责的职业道德准则和行业规范，具有正确的旅游从业价值观。 4. 培养潜心做好旅游产品的工匠精神，并能够保守商业机密。	1. 设计“一日玩转成都”旅游产品，将深化天府文化学习，以服务成都旅游市场发展为己任。 2. 设计“我的家乡好好玩”旅游产品，将在乡村振兴背景下，培养学生热爱家乡、建设家乡的热情与意识。 3. 设计“最美四川精彩游”旅游产品，将培养学生服务社会体现人生价值，促进全面发展。 4. 设计国内主题旅游产品，将在创新创业实践过程中内化中国传统文化，使学生懂得服务社会需要积极参与社会公益活动，需要热爱劳动、爱岗敬业，能够主动参与服务社会的活动。 5. 课程项目实践活动，强调通过学生自身的实践锻炼、生活体验、文化熏陶积累等方式提高个人的综合素养，培育旅游从业人员的职业素养，提高学生的主动参与意识。	1. 通过引导文教学法，让学生分组依据项目任务书完成小组自学任务，培养学生自主学习、育人合作探究的团队协作精神。 2. 通过案例教学法，引导学生换位思考，了解目前旅行社产品设计中存在的主要问题，熟练掌握旅行社产品设计的方法和技巧。 3. 按照“发现问题—分析问题—解决问题”的问题导向流程，设置教学任务、选取教学方法、配置教学资源，提升学生善于分析问题和解决问题的能力。 4. 以项目教学法贯穿课程始终，实现“游客为本，服务以诚”“质量至上，规范操作”“思维创新，文化自信”的职业核心素养综合培育。

续表

课程名称	课程育德目标	思想政治教育的融合点	教育方法和载体途径
	5. 适应旅游新业态和新技术发展要求，应用创新思维方法，深度挖掘传统文化魅力，走上旅游产品创意开发的创新创业之路	6. 树立服务社会、奉献社会的意识，培养亲社会行为。有目标、有要求、有考核、有反馈	5. 采用过程评价（30%）+成果评价（40%）+期末评价（30%）的综合性考核评价方式，注重对学习过程状态数据的采集和对项目任务完成成果的考核，树立起质量意识和严格要求自己的做事态度。 6. 载体途径：丰富的案例、材料，企业项目、项目案例、行业动态信息；网络、课程平台、校企实践基地
旅游创新创业实务	1. 适应转型升级的旅游业发展趋势，拥有旅游业发展中的创新意识和创业能力，推动区域旅游产业的发展与提高。 2. 具有自主创业、自主研发的意识与能力，能够更好地服务企业、服务行业、服务社会经济，从而实现自己的人生价值。	1. 创新与创业精神模块：培养学生创新思维、创业精神、市场意识、团队合作精神、社会责任感和耐挫精神等。培养学生在创业过程中必不可少的团队合作精神和遇到挫折不轻言放弃的坚韧意志。 2. 创新创业知识和能力模块：培养学生掌握必备的创新创业知识和能力，引导学生了解创业的基本流程、基本方法和技能，帮助学生掌握创业成功或企业运营的方法和技巧。	1. 营造轻松、无压力和积极开放的学习氛围，引导学生进行开放性的思考，从日常学习和生活中发现问题，寻找创新点。 2. 通过创业实务、模拟创业项目、创业个案研讨等实践活动启发学生，通过不断地尝试、交流、反思、总结和解决实际问题而获得新的知识和能力。

续表

课程名称	课程育德目标	思想政治教育的融合点	教育方法和载体途径
	3. 具有发现问题和解决问题的创新创造能力。 4. 具有沟通协作能力、人际交往能力、信息获取能力、适用能力以及职业规划能力。 5. 激发学生创业意识，应对严峻的就业挑战，提高创业成功率	3. 体现旅游专业的针对性和特殊性模块：根据旅游业六要素“食住行游购娱”等方面对人才的需求，增强学生某些方面的知识和才能，使其成为创新创业与专业教育相结合的“长板”。培养学生的沟通协作能力、人际交往能力、信息获取能力、适用能力以及职业规划能力。 4. 依托网络课程分享学习资源，延展学生学习时空范围，引导学生利用互联网开展创新创业实践活动。 5.结合四川旅游相关案例进行案例分析和讨论，模拟旅游企业工作人员分析问题，解决问题，培养学生独立思考和创新能力	3. 采用探讨式、体验式的教学方法，采取小组讨论、案例分析、情景模拟、角色扮演等方式，以实际案例和具体操作为依托，为学生提供情景材料，引导学生主动参与旅游管理现实问题的讨论，提升学生的创新思维能力。 4. 创造机会帮助学生走出课堂，联系所在地区旅游行政管理部门和旅游企业，参与力所能及的旅游社会实践和相关市场调查，让学生直接感受知识和实践结合后产生的巨大价值，感受在实践中创新思维和活动的效果和魅力，培养发现问题和解决问题的创新创造能力。 5. 引导学生在实践中发现自身优势，有意识地强化自身优势，从而形成某一方面的突出能力，并以此能力为基点实现创业发展

续表

课程名称	课程育德目标	思想政治教育的融合点	教育方法和载体途径
当今旅游业	1. 掌握一定的资料收集、整理、分析的技巧，具备运用专业知识分析专业问题，有效解决专业问题和能力。 2. 树立历史唯物主义世界观，坚定中国特色社会主义文化自信，增强民族责任感与使命感，树立为党为国做贡献的理想信念。 3. 培养严谨求实的科学态度，激发热爱旅游专业的情感。 4. 树立文明旅游意识，提高旅游文明素质，树立生态文明意识。 5. 树立弘扬和传承红色精神意识，树立保护弘扬中国传统文化意识	1. 认识旅游活动板块，梳理国内外旅游活动的主要研究观点，使学生树立严谨求实的科学态度，设置同学心目中的旅游活动话题讨论，通过分享丰富多彩的旅游经历，激发学生对专业学习的兴趣和热情，初步形成旅游思维意识。 2. 在旅游者板块，搜集各地区发布的“旅游红黑榜”、中国出境游客不文明旅游等相关热点事件让学生进行分析讨论，增强学生文明旅游意识。 3. 在旅游资源板块，引入“两山理论”，解读习近平生态文明思想内涵，分享生态旅游规划建设项目，让学生树立生态文明思想意识。 4. 在旅游业板块，组织学生前往校企合作单位进行参观考察，学习先进旅游企业的企业文化，了解旅游企业的人才需求，激发对旅游事业的热爱。	1. 通过国内外生态旅游开发案例分析，帮助学生深刻领悟生态旅游建设的重要性，树立生态文明思想意识。 2. 通过开展红色旅游专题学习考察活动，让学生树立弘扬传承红色精神意识。 3. 邀请旅游行业从业者进行专业指导培训，树立良好的旅游服务意识。 4. 通过旅游行业岗位工作情景模拟，将岗位职业操守具体化，增强学生职能技能水平，强化学生旅游职业素养，培养学生爱岗敬业精神。 5. 运用相关旅游法律知识对当前旅游市场零负团费、强制购物、欺客“宰”客等案例进行分析，使学生树立法治意识，遵守职业法律规范

续表

课程名称	课程育德目标	思想政治教育的融合点	教育方法和载体途径
		5. 在旅游影响板块，通过旅游经济、社会文化和环境影响等相关热点案例分析与写作训练，使学生树立辩证唯物主义世界观，树立保护和弘扬中华优秀传统文化意识，加强旅游环境保护意识	
中国旅游地理	1. 具有对家乡、祖国与世界的热爱，树立全球意识，从全球的范围和世界各国相互依存的角度去认识把握世界，培养民族自尊心、自信心与责任感，树立为中华民族崛起而读书的崇高志向。 2. 具有对美的欣赏能力，拥有创造美的能力。 3. 具有辩证思维的素质和使用唯物辩证法观察与分析问题的能力。	1. 借助大量的图像，如地形图、政区图、旅游景点分布图等以逼真形象的方式经常作用于学生的感官，促进学生形象思维与逻辑思维的发展，开发大脑潜能，培养学生熟练掌握读各种地图的能力，培养学生终身学习能力，开发学生潜能。 2. 结合地理思维及地理学习的方法因素，培养学生的观察、记忆、思维、想象和创造能力。 3. 结合爱国主义教育、环境观念教育，渗透国情教育因素，使学生科学地认识国情，增强自尊心和自信心。	1. 通过案例教学，接触各具特色的文化，学会欣赏自然美、社会美与艺术美的内容，领略多姿多彩的民族风情，从而体验到人类丰富的精神养料。 2. 运用教具、学具，通过计算机模拟，简捷生动地展示旅游地理知识，培养学生的法治观念和公民意识，增强宣传、执行国家有关政策法令的自觉性。 3. 教学项目经常联系时事、尽力切近生活，更真、更近、更自然生动，引导学生充分发挥德育实践的主观能动性。

续表

课程名称	课程育德目标	思想政治教育的融合点	教育方法和载体途径
	4. 树立绿色发展、低碳发展、循环发展和可持续发展观。 5. 了解我国在土地、森林、水资源、矿产和控制人口、环境保护、经济建设、对外开放等方面的基本方针、法规，具备法治观念和公民意识，增强宣传、执行国家有关政策法令的自觉性	4. 使用地理环境整体性的原理来构建旅游地理知识，培养学生对资源、环境的保护意识，建立可持续发展的价值观念，增强学生的社会责任感，形成人地协调观。 5. 榜样教育，以地理信息科学领域老前辈的生平事迹，如中国著名的地球物理学家黄大年英雄事迹、“布鞋院士”李小文的事迹、我国遥感应用和地理信息系统科学的创建者和奠基人陈述彭院士的事迹，激发学生敢为人先、奉献报国的热情	4. 引导学生用科学的态度学习旅游地理的基本知识、基本原理和基本方法，使学生形成正确的价值观和求真求实的科学态度。 5. 通过实践教学，培养学生野外观察问题、分析问题和解决问题的能力，成为基础扎实、知识面宽、素质高、能力强、具有探究精神和创新能力的综合性人才
旅游文案策划	1. 具有社会责任感和可持续发展能力，锻造综合性的人文背景。 2. 知法守法懂法用法，严格遵守法律，依法经营、合法维护正当权益。 3. 既有自律又有他律，形成履约意识，主动抵制非诚信行为，靠诚实守信赢得认可。	1. 强调文案写作格式的严谨和规范，激发学生的主动性和积极性，因势利导，学会对网络资源的正确使用，提高其甄别力，培养严谨的敬业精神。 2. 开展“啄木鸟”行动，学生小组在学习和生活环境中寻找旅游文案的错误点，期末编辑成案例，供下届学生参考，使学生获得成就感。	1. 采用协作式的学习模式，在课堂教学中增加协作环节，针对学生关注的事例，组织学生建组讨论，引导学生运用所学的专业知识解析社会现象，深刻体会国家为解决民生问题作出的努力，增强大学生的认同感、自豪感和责任心，树立学生爱国信念。

续表

课程名称	课程育德目标	思想政治教育的融合点	教育方法和载体途径
	4. 具有正确的社会主义核心价值观，把自身成长发展与国家、民族的前途命运结合起来，积极勤奋地完成学业、成就事业。 5. 具备良好的职业道德，良好的人格和正确的价值取向	3. 通过文案策划项目实践，将传统文化“礼、义、仁、智、信”的基因代代相传，推崇人际交往中的和谐关系，体会服务精神和工作的缜密，体现职业风范。 4. 在完成面向中国消费者的旅游广告宣传文案设计时，教育学生在学习和工作中要自觉抵制崇洋媚外的现象，善于以开放的姿态汲取西方文化精华、大胆突破和创新加速实现“本土化”，从而不断提高国家文化软实力，积极传播当代中国价值观。 5. 通过典型的真实网络平台案例，激发学生对传播有害信息、破坏网络传播秩序、违反互联网管理相关法律法规的创作行为的思考，引发学生对网络文案创作的过程中，对利益和坚守价值观的深层探讨	2. 创造真实的职业环境，鼓励学生参加文案策划实践，发现问题、找到不足，锻炼和培养学生坚忍不拔的品质、条分缕析的能力、敏锐的观察力和创新创造力等。 3. 使用学生感兴趣和易接受的方式讲政策、讲道理，用润物细无声的方式寻找内心深处的共鸣，引导学生树立正确的世界观、人生观、价值观、道德观，提高法治观念和诚信意识。 4. 通过案例剖析、讨论交流等形式培养增强学生的社会公德意识，树立高尚道德情操、养成良好道德习惯、恪守个人行为规范，特别是在学习工作中要处理好个人利益与公众利益的关系，开展旅游活动时既要注重经济效益、更要关注社会效益。 5. 项目实训环节以精准扶贫项目为载体，引导体验职业道德、团队合作和奉献精神的内涵

续表

课程名称	课程育德目标	思想政治教育的融合点	教育方法和载体途径
旅游网络营销	1. 具有互联网思维、创新创业素质、实践能力和终身学习能力。 2. 自觉树立正确的网络营销价值观，掌握网络营销法律法规知识，提高网络营销职业道德素质。 3. 具备鉴别网络信息的能力，具有从事网络营销专业领域工作的方法素质和就业能力，有良好的职业操守、敬业精神。 4. 具有分析问题、解决问题的能力。 5. 具有商业意识和商业运营能力	1. 从市场营销的核心价值观——“以顾客为中心”出发，融合社会主义核心价值观中的“诚信”“公正”“法治”“平等”，培育并践行“诚信经营”“公平交易”“顾客至上”等积极正确的网络营销价值观。 2. 通过模块化运作和岗位角色模拟，提升学生分析和解决网络营销实践中可能存在问题的能力。 3. 在实战教学模块，组织学生到实习基地开展实践教学活动，通过和实习基地企业的深度调研和展开相关项目合作，提高学生关于网络营销的感性认知以及实践操作能力，提升学生商业意识和商业运营能力。 4. 鼓励学生积极参与志愿者服务等社会实践活动，自觉践行并传播与社会主义核心价值观有机统一的人生观、价值观与职业观，充分利用自身所学知识和技能回馈社会	1. 以案例教学、启发式教学、互动式教学等教学方法，有效融入创新创业教育、职业道德、行业规范和社会主义核心价值观教育。 2. 充分发挥课内结合课外的“以赛代练”和“综合实践环节”作用，锻炼学生的综合素养、荣誉感和积极向上的价值观。 3. 强调网络营销道德规范、网络环境中的法律法规，以提升学生职业道德素养和综合素质。 4. 采用过程性考核方式，通过对学生学习过程中的学习状况和阶段性学习成果进行多方面考核，引导学生改善学习态度和学习方式，变被动式学习为自助式、探究式学习，提高学习能力和实践能力

续表

课程名称	课程育德目标	思想政治教育的融合点	教育方法和载体途径
旅游电子商务	1. 爱岗敬业、讲究诚信。 2. 具备从业职业道德，良好的敬业精神、严肃的法治观念、较强的团队意识、严谨的工作作风和坚定的开拓意识。 3. 具有吃苦耐劳、艰苦奋斗的精神，面对诱惑时具有良好的职业操守，诚信对待自己的服务对象。 4. 具备社会公共道德意识，为毕业后的工作、学习、生活打下良好的个人素养基础	1. 旅游电子商务在中国的跨越式发展，帮助学生树立正确的世界观、人生观和价值观。 2. 旅游电子商务在中国的实践，帮助学生更好地理解国家发展战略和产业政策。 3. 依托信息技术进行创新创业，激发学生创新的使命感，树立正确的学习观和成才观，树立正确的商业伦理观。 4. 基于IT技术的特性，帮助学生树立热爱科技、拥抱科技的意识，引导学生主动沟通，共同参与，互帮互学，积极奉献，提高团队责任感	1. 采用情景教学法，应用信息化教学手段，通过视频和图片等教学素材调动学生的学习积极性，通过创设教学情境，模拟学生在工作岗位中可能出现的场景，培养学生的应变能力和道德素质。 2. 通过我国旅游电子商务发展成就和数字经济实力的展示，让学生感受中国在全球经济发展中的重要地位，开展爱国主义教育，增强学生心目中的国家自豪感。 3. 从注册信息真实、有效，旅游商品文案信息客观、真实、不隐瞒、不夸张，不出售假货、水货等方面对学生进行诚信教育。 4. 教育学生自觉遵守现有的法律法规，养成自觉守法的意识，并付诸实际行动

续表

课程名称	课程育德目标	思想政治教育的融合点	教育方法和载体途径
旅游大数据分析	1. 形成数据思维，学会利用工具（软件）对旅游行业领域内的数据进行简单地分析、预测、预警。 2. 具备一定的数据分析能力，为在未来从事专业领域的相关工作起到积极的作用。 3. 树立正确的理想信念、学会正确的思维方法、增强正确的劳动观念。 4. 树立严谨、有责任心的工作作风，具备团结协作解决问题的能力。 5. 养成尊重数据、务实严谨的科学态度	1. 及时反映相关领域产业升级的新技术、新规范，重视加强劳动教育，弘扬劳动精神、劳模精神。 2. 在认识数据分析板块，提升学生对数据分析行业的认可度，充分认识爱岗敬业的重要性。 3. 在数据调查板块，引导学生树立爱国、大局意识和民族精神，认识到诚实守信、责任意识和加强法治意识的重要性。 4. 在网络数据获取板块，了解到数据分析工具日新月异，数据人才稀缺，培养学生的新时代使命感，树立文化自信、创新意识。 5. 在数据清洗与加工板块，在数据烦琐的清洗与加工过程中，培养学生爱劳动、不怕苦，以及勇于接受各种挑战的大无畏精神	1. 通过引入企业真实项目的教学，潜移默化地提升学生的职业素养和道德精神，在教学过程中不断增强学生职业道德的意识和职业习惯的养成。 2. 通过主题交流活动，讨论社会热点、职业伦理等问题，使学生结合专业知识，深入思考、分析和探讨解决问题的思路和方法。 3. 设计实验项目，进行项目化学习，引导学生规范项目流程，形成认真钻研、严谨细致、勇于创新的科学精神。 4. 在考核评价阶段，对学生的平时考核和总评均基于数据分析，教师以身作则，帮助学生树立实事求是、公平公正的价值观

续表

课程名称	课程育德目标	思想政治教育的融合点	教育方法和载体途径
导游实务	1. 具有观察能力、发现和分析问题的能力。 2. 具有取长补短的态度、人际沟通能力、团队协作能力和批评与自我批评的意识。 3. 树立职业自信心，提升自我展现欲望，激发对家乡的热爱之情。 4. 树立极端负责的敬业精神和高尚的职业操守。 5. 树立对专业的自豪感和荣誉感，具备职业使命感和责任感	1. 在导游服务板块，引导学生产生对旅游业的思考，理解开拓创新的精神，增强大学生对旅游行业的认同感，激发学生投身旅游行业的热情。 2. 在导游人员板块，引导学生树立遵纪守法的意识，通过对导游人员职责的学习，树立导游人员的责任意识。 3. 在团队导游服务程序板块，引导学生形成合同意识，为游客服务不能随心所欲，树立大局意识、团队意识，换角度思考问题。 4. 在散客导游服务程序板块，培养灵活的工作能力。 5. 在导游服务质量板块，树立不断创新的意识。 6. 在导游服务礼仪板块，以礼待人，树立彬彬有礼的职业形象	1. 形象教学法：对实训室环境进行布置，以真实的教学环境，增强教学的形象性，教师可随手指点以物示意，直观易懂，形象生动。 2. 模拟教学法：师生分别模拟导游、游客、酒店工作人员、景区工作人员等完成一个完整带团过程，增加学生的直观认识和提高学生实践动手能力。 3. 分组讨论法：选择导游领域热点话题，锻炼学生的思辨能力，形成正确的从业价值观。 4. 结合全域旅游、乡村振兴、美丽乡村建设、“厕所革命”、民宿客栈、导游“宰”客事件等实时热点问题进行深入分析，培育学生的从业人员职业情感，提升对工作技能的重视意识。 5. 通过专业实践，直观进行热爱祖国和家乡的思想教育

四、团队建设方案

（一）建设目标与进度安排

数字化时代，文化、创意、科技为旅游服务提升带来新动能。以物联网、大数据、人工智能等为代表的科技进步，在改变社会生活的同时，也在塑造旅游的未来。以习近平新时代中国特色社会主义思想为指导，紧紧围绕“培养什么人、怎样培养人、为谁培养人”这个根本问题，牢牢把握“立德树人”这一根本任务，深入挖掘旅游管理课程群各门课程思政元素及各教学环节育人功能，积极应对疫情带来的旅游产业变革，充分发挥省级示范教学团队在课程思政建设中的示范引领作用，力求达到润物细无声的育人效果，助力旅游行业复苏，服务消费者出游。

教学团队将重点围绕教师队伍“主力军”、课程建设“主战场”、课堂教学“主渠道”，根据不同课程的性质特点，形成各门课程协同育人格局，努力培养德智体美劳全面发展的社会主义建设者和接班人。

1. 教师队伍

通过提高教师素养与课程思政教学实践相结合，实施“以学生为中心，以成果为导向”的人才培养理念。进一步吸纳具有互补性学科背景的教师加入团队，基于课程思政教学实践中遇到的共性问题展开合作，创建平等的交流与合作平台，为团队开展课程思政建设提供智力支持。同时加大跨学科课程思政的研发力度，在对话、合作、共享的机制中寻求共性问题的解决，促进各学科间专业知识与育人经验的深度融合，使之相互借鉴，最终形成育人合力，构建起课程思政教学体系。

2. 课程建设

充分发挥教学团队优势，深入发掘各类课程的思想政治教育资源，将知识、能力、素质塑造有效融合到每门课程当中，促进各类课程与思想政治理论课同向同行、协同育人，建设一批学生真心喜爱、终身受益、毕生难忘的课程思政示范系列课程，并将思政教育融入课程教学全过程，三年之内实现课程思政全覆盖。通过探索，创生出新的课程，占据课程思政高点，在课程体系建设中赋予未来观，让旅游管理专业提前适应未来社会发展，构建高水平人才培养体系。

3. 课堂教学

坚持问题导向，引导学生正确看待问题、研究问题、解决问题，挖掘思政元素、进行案例设计、融入教学内容，形成有效的能入脑入耳的话语；让学生掌握终身受用的方法论，培养学生良好的思维模式和正确看待问题的方式；把社会科学与自然科学有机结合，从学知识到做事做人的引导，授人以渔，正确认识世界和中国发展大势，正确认识中国特色和国际比较，正确认识时代责任和历史使命，正确认识远大抱负和脚踏实地。提炼一系列可推广的课程思政教育教学改革典型经验和特色做法，形成一套科学有效的课程思政教育教学质量考核评价体系。

（二）建设机制与措施

1. 建设机制

（1）旅游管理课程群教学团队以团队带头人牵头总体设计课程群思政建设方案，由分院院长和教学副院长负责整体教学管理和把控人才培养发展方向，由旅游管理专业和导游专业主任具体负责实施人才培养和课程体系的思政建设，教学团队全体成员负责落实各门课程的思政设计与教学实施、典型案例的提炼与总结等具体工作。

（2）以完善德育工作体系、增强德育工作实效为着力点，建立健全立德树人落实工作机制，建立“班导师”制，全面推进师德师风、教风学风建设实践。

（3）构建教师“党支部+教研室”一体化理论学习机制，坚持定期开展集体理论学习与实践活动，凝聚课程思政建设育人合力。围绕立德树人根本任务制定学习计划、选择学习内容、明确学习要求，提升教师践行课程思政的本领与能力，增强育人情怀与师德修养。

（4）针对每门课程实际情况建设课程思政团队，其中，专业教师为第一责任人，专业骨干教师和青年教师、思想政治理论课教师、辅导员等共同参与，发挥各自作用，组建学科背景多样、能力资源互补的课程思政教学团队，建立符合专业育人特点、符合认知科学要求、使思政工作落地见效的课程思政教学体系。

2. 具体措施

建构由“专业基础模块课程”“专业方向模块课程”“专业拓展模块课程”和“公共选修课程”四大模块组成的“职业生涯+职业使命+终身学习”课程教育体系。

（1）专业基础模块课程：帮助学生坚定理想信念，厚植爱国主义情怀；加强品德修养，增长知识见识；培养奋斗精神，提升综合素质。

（2）专业方向模块课程：培养学生“互联网+旅游”创新创业思维和较强的旅游信息化素养；促使学生为区域经济和社会发展做出贡献；培养学生经世济民、诚信服务、德法兼修的职业素养。

（3）专业拓展模块课程：促使学生自觉传承和弘扬中华优秀传统文化，增强文化自信；培养学生创新精神、创造意识和创业能力；培养学生终身学习能力。

（4）公共选修课程：增强体质，健全人格，锤炼意志；提升学生审美素养，陶冶情操，温润心灵；激发学生创造创新活力。

（三）预期建设成果

把课程思政和职业技能培养与认证结合起来，落实到课程标准和人才培养方案中去，探索和实践具有旅游专业特色的课程思政实施方案，挖掘、激活、利用各类课程的思政元素，推动旅游管理课程群思政建设向纵深发展，不断提升立德树人工作成效，创造出有旅游特色的思政文化，积极应对互联网时代面临的挑战。

针对旅游管理专业课程“知识更新快”“情感体验丰”“价值承载多”的特点，构建模块化、碎片化、可迭代的知识结构体系，打造实境育人、情境教学、沉浸式学习氛围，选择情感价值高的教学案例作为载体，实施项目化教学。在专业层面上进行思政元素系统设计，丰富课程内涵、优化教学设计，深入发掘各门课程思政教育资源，打造差异化思政元素布局，形成旅游管理整体特色课程思政建设方案。

建设“班导师”管理制度，辅助课堂教学管理，从学知识到做事做人的引导，引导学生正确看待、研究、解决问题，将社会主义核心价值观等有机融入课程教学活动和教学实践全过程。打造课程思政示范系列课程，形成课程思政与职业技能认证相结合的实践经验总结，形成参考性强、推广价值高的典型案例。

针对每门课程建设课程思政团队，专业骨干教师和青年教师、思想政治理论课教师、辅导员等共同参与，组建学科背景多样、能力资源互补的育德育能教学团队。定期开展业务学习，组织教研活动，通过专题讲座、提升培训，与其他院校、行业、企业开展交流学习，研究创新教育和教学方法，积极探索实践教学、研究性教学和信息化教学在课堂教学中的应用，指导青年教师快速成长发展。提炼一系列可推广的课程思政教育教学改革典型经验和特色做法，形成一套科学有效的课程思政教育教学质量考核评价体系。

综上所述，专业课是“立德树人”的前沿阵地，不仅要发挥知识传授和技能培养的重要功能，还要肩负起“育德”的重要使命，在专业学习的过程中“潜移默化，润物无声”，将“德才兼备”的综合培养渗透到每一次专业课的教学当中。我们要潜心研究典型工作案例、职业岗位要求和行业最新标准，巧妙设计教学活动与教学环节，在育“人”的同时，助其成“才”。

课程思政示范课程案例

案例一　“老年人膳食与营养”课程思政示范课程建设方案

一、课程基本信息

（一）课程性质

“老年人膳食与营养”是智慧健康养老服务与管理专业教育课程，授课对象为高职智慧健康养老服务与管理专业二年级学生，开设于第 4 学期，共 36 学时，2 学分。

（二）课程目标

本课程旨在对接智慧健康养老服务与管理专业人才培养目标，面向老年照护、社区护理等工作岗位，使学生系统掌握营养学理论、老年人群的营养需求及膳食特点以及社区老年人营养咨询、营养指导等基础知识，掌握疾病期老年人与社区老年人群的营养需求及膳食特点，掌握常见疾病老年患者的营养状况评估及营养护理内容，培养学生对老年人群进行营养调查、营养评估、营养护理、营养咨询、营养指导、营养宣教的能力，提升和老年人群的沟通能力。着力培养学生的移情意识和同理心，具备爱伤观念和正确的健康观念，帮助学生建立尊老、敬老、助老、爱老、孝老的职业理念，养成积极的职业情感和良好的职业素质，形成严谨、求实、创新的工作作风和高度负责的专业态度，支持学生获得基于专业情境的创新创业思维、行为和个人品质、技能的发展。

1. 思政目标

（1）养成对营养、健康关注的习惯，树立营养、健康意识。具备社会担当和文化自信，养成健康管理以及营养保健的自觉，并内化于心、外化于行。

（2）形成严谨务实的工作作风以及人文关怀的理念，养成自主学习、分析、总结的习惯，形成严谨务实、思辨创新的科研精神。

（3）养成关爱患者、尊重生命的爱伤观念，具备临床评判性思维，树立实事求是的工作态度。

（4）增强与老年人沟通交流的能力，养成责任意识，增强独立思考分析并解决问题的能力。

2. 知识目标

（1）掌握营养学基本理论：说出营养素的概念，列举营养素的种类；说出三大产能营养素的生理功能、食物来源及参考摄入量；列举各种微量元素的生理功能、摄入量及食物来源；说出各种食物的营养价值。

（2）说出老年人生理代谢特点，列举老年人营养需求特点；说出合理膳食的概念及要求；解释老年人膳食指南及平衡膳食宝塔的内容；列举老年人膳食调查的内容及评价方法；说明老年人营养状况评估要点；说出老年人营养配餐原则；说明食物成分表与食物交换份表的应用方法；说出营养食谱编制的两种方法的具体步骤（计算法、食物交换份法）。

（3）列举老年常见慢性病基本知识；解释老年人膳食与各种慢性病的关系；列举高血压老年患者、冠心病老年患者、糖尿病老年患者的生理特点；解释各类老年患者营养需求；说明各类老年患者的营养治疗的原则；列举各类疾病老年患者的食谱。

（4）列举食品污染的原因和途径；列举老年人膳食预防食品污染的措施；解释老年人膳食指导的原则；列举保健食品原料来源和功效成分。

3. 技能目标

（1）能根据营养素的生理功能、缺乏症状，正确评价老年人的营养状况；能够运用所学知识为老年人日常饮食提供合理的食物选择及储存加工建议；能利用云班课以及在线教育平台完成理论知识的自主学习；在小组合作学习中具备团结协作和沟通能力。

（2）能计算老年人能量需要量；能理论联系实际，正确判估老年人营养需求；能运用询问法对老年人进行膳食调查；能运用临床生化指标评价老年人营养状况；能合理搭配健康老年人群膳食；能运用计算法和食物交换份法拟定并创新搭配一周食谱；能评判营养配餐方案的不足并提出改进措施。

（3）能运用思辨能力，从多角度、多维度正确评估老年患者的营养状况；能配合医嘱对老年患者进行营养护理；能根据患者个体情况，运用营养知识完成个性化营养配餐方案；能运用沟通技巧和语言表达能力对患者及其家属进行营养指导和营养宣教；能根据患者个体情况完成个性化营养护理计划。

（4）能指导老年人对食品污染进行科学合理的预防；能帮助老年人建立良好的饮食习惯；能对老年人进行正确的保健食品选购指导；能运用沟通技巧和语言表达能力对老年人进行营养咨询、营养指导；能创新营养宣教的形式；能评判营养宣教方案的不足并提出改进措施。

二、课程思政建设总体设计情况

（一）建设思路

课程团队根据成都市《关于推进健康成都行动的实施意见》（成府发〔2020〕20号）中实施合理膳食行动的任务需求，结合学校“成都服务、服务成都”的办学定位，根据《高等学校课程思政建设指导纲要》的精神，围绕课程思政元素挖掘、课程思政资源建设、课程思政路径拓展、课程思政实施、课程思政考核体系五个方面建设“老年人膳食与营养”的课程思政体系。

1. 深入挖掘课程思政元素

深刻分析岗位需求和课程特色，挖掘家国情怀、文化自信、社会责任、人文关怀、爱伤敬业、移情沟通、严谨求实、慎独慎微、思辨创新、团队协作、健康生活等思政元素，将价值观、科学精神、职业素养培育和塑造与专业知识学习有机融合。

2. 全面建设课程思政资源

课程团队已建成课程思政资源包括微课35个，教学案例18个，食谱编制案例25个，拓展学习资源29份，视频资源20个，图片资源64张。

3. 创新拓展课程思政路径

采取角色扮演、小组任务、话题讨论、拓展学习、政策宣讲、思政小讲课、社团活动、社会调研等教学方法，创新课程思政路径。

4. 有效实施课程思政融通

依托案例、视频、实训、阅读资料、微课等将课程思政元素基因式融入教育教学全过程，构建“第一课堂筑基、第二课堂拓展、第三课堂践行”的课程思政格局。

5. 构建课程思政考核体系

全面考核学生对课程知识的掌握度以及思政教育的达成度，将“老年人膳食与营养”的思政目标、知识目标、技能目标细化分解，提炼可测可评的课程思政考核点，建立评价主体多元化、评价内容全面化的全程跟踪考核评价体系，将知识传授与价值引领相结合，充分关注学生认知、技能、情感、价值观的表现。

（二）课程设计

“老年人膳食与营养”是护理专业、智慧健康养老服务与管理专业的专业拓展课，开设于第四学期，教学内容包括“博晓膳识——老年营养认知、精进膳技——老年营养配餐、惟爱膳护——老年营养护理、循循膳导——老年营养指导”四个模块。课程立足专业人才培养目标，以立德树人为根本，以“爱老、敬老、孝老、助老”为核心，通过第一课堂筑牢思政基础，第二课堂拓展职业素养，第三课堂践行职业担当，构建课内课外、校内校外、线上线下构建全员全程全方位课程思政格局，使专业学习与课程思政相融共生，行稳致远。

1. 以立德树人为根本，精心设计，站稳课堂教学主阵地

通过德育元素的挖掘，精心设计课堂教学，从课前导学到课堂教学案例，再到课后拓展，将思政教育贯穿于教育教学全过程；从案例选取到习题设置，再到课程考核，将德育元素“基因式”植入教育教学全方位。从而达成知识传授与价值引领融合共生，同向同行的课程思政目标。

2. 以素能并育为抓手，厚植笃行，拓宽课程思政主平台

打造课程在线学习平台，成立学生社团——“营养社”，立项校级双创团队——“营养健康社区行”，组织校园营养健康知识讲座、知识竞赛，适老营养产品研发等活动，将课程思政从课堂延伸到课外，使“博识—精技—仁心—善导”的课程思政内容逐步沉淀、定型、内化，形成自觉自省的行为规范和职业素养。

3. 以理念践行为核心，多元创新，丰富课程思政主渠道

依托社团和双创团队开展社区营养健康宣讲、养老机构志愿者服务、社会调研等活动，将课程思政从校内延伸到校外，多渠道培养学生的社会责任、

家国情怀、职业担当等，营造课程思政教育氛围，达成浸润式德育目标。

三、课程思政教学实践情况

（一）教学效果

1. 立德树人成果

（1）课程建设：立项校级专创融合课程以及校级双创团队。

（2）人才培养：开展社区公益活动4次/年；指导学生申报实用新型专利，已授权1项；指导学生参加第九届全国大学生电子商务“创新、创意及创业”挑战赛获省级三等奖 1 项；指导学生参加第十五届全国高等职业院校“发明杯”大学生创新创业大赛获三等奖1项。

（3）教师成长：导航名师省赛一等奖 1 项，四川省十佳创业培训讲师 1 项，四川省教师教学能力大赛二等奖1项、三等奖1项。

2. 教学评价情况

学校教务处组织的学生评教中，主讲教师左莉的评教分数为97.6分，课程“老年人膳食与营养”评教分数为98.4分，均为优秀等级。

3. 育人典型案例

通过“老年人膳食与营养”课程思政改革，在学生掌握专业知识的同时，坚定了“爱老、敬老、孝老、助老”的职业理念，潜移默化地接受社会主义核心价值观的引领。在新冠肺炎疫情防控中，我院涌现出多名青春逆行的护理学子，如护理16级的唐同学，他以救死扶伤为己任，主动请缨作为援鄂医疗队志愿者前往武汉进行防疫医务工作支援，他也是此次援鄂抗疫队伍中年龄最小的志愿者；护理18级的杨同学，第一时间报名加入社区“志愿服务团队”，参与社区防疫工作，彰显了医护学子的社会担当和家国情怀。

（二）示范辐射

（1）“老年人膳食与营养”的课程思政主题突出，特色鲜明，路径清晰，对专业课程如何达成课程思政有较好的示范作用。

（2）“老年人膳食与营养”已建成在线课程资源包括：教学文件——课程标准1份，授课计划1份，教案1套，课件1套，考核方案1份；教学资源——微课35个，教学案例18个，食谱编制案例25个，题库资源1套，学习任务书 14 份，拓展学习资源 29 份，均已上网，可用于行业人员职后提升学习。

（3）依托学生社团以及双创团队，每年开展 4 次以上社区营养宣教公益活动，具有较好的课程服务社会的辐射作用。

案例二　“旅行社产品设计”课程思政示范课程建设方案

一、课程基本情况

课程名称：旅行社产品设计

课程负责人：薛佳

授课对象：旅游管理专业大二学生

课程类型：专业教育类

课程学时：64

开课期数：11

学分：4

授课类型：混合式课程。

选用教材或主要教学资料：《旅游产品设计与操作》（第二版），张素娟、宋雪莉主编，化学工业出版社，2018 年 9 月版。

教学改革情况：本课程为 2015 年四川省精品资源共享课程，2017 年院级在线开放课程，2018 年院级课程思政建设项目，2018 年通过 NCEE 专创融通课程建设国际认证。

二、课程建设

1. 教学目标

2019 年，国务院办公厅印发的《关于进一步激发文化和旅游消费潜力的意见》指出，要深化文化和旅游领域供给侧结构性改革。随着移动互联网和数字技术推动下中国“新消费时代”的到来，我们要培养出能够精准定位游客需求，充分挖掘市场潜力，具备传统文化旅游产品创新转化能力，胜任旅游产品个性化和体验性开发的旅行社产品设计专业人才。本课程教学目标设置如下：

（1）能够精准定位游客需求，充分挖掘市场潜力，具备传统文化旅游产品创新转化能力，胜任旅游产品个性化和体验性开发设计。

（2）在可持续学习与创新过程中培养独立思考、自主学习和与人合作探究的团队协作精神。

（3）引导学生树立遵法守纪、诚实守信、严谨负责的职业道德准则和行业规范，具有正确的旅游从业价值观。

（4）培养潜心做好旅游产品的工匠精神，并能够保守商业机密。

（5）适应旅游新业态和新技术发展要求，应用创新思维方法，深度挖掘传统文化魅力，走上旅游产品创意开发的创新创业之路。

2. 建设思路和课程设计

“旅行社产品设计”为旅游管理专业核心课程，在专业人才培养方案和课程标准的指导下，对照 2019 年 3 月文化和旅游部发布的《旅行社旅游产品质量优化要求》和《包价旅游产品说明书编制规范》两项最新行业标准，优化课程体系和教学内容。“旅行社产品设计”课程思政教学设计如表 2-9 所示。

表 2-9 “旅行社产品设计”课程思政教学设计表

分院（部门）	旅游分院	专业	旅游管理	课程名称	旅行社产品设计
授课教师	薛 佳	授课班级	旅管 183-1、2、3 班	学 分	4
课程类别	A. 公共平台课 √B. 专业平台课 C. 专业选修课 D. 公共选修课				
课程教学目标	1. 能够精准定位游客需求，充分挖掘市场潜力，具备传统文化旅游产品创新转化能力，胜任旅游产品个性化和体验性开发设计。 2. 在可持续学习与创新过程中培养独立思考、自主学习和与人合作探究的团队协作精神。 3. 引导学生树立遵法守纪、诚实守信、严谨负责的职业道德准则和行业规范，具有正确的旅游从业价值观。 4. 培养潜心做好旅游产品的工匠精神，并能够保守商业机密。 5. 适应旅游新业态和新技术发展要求，应用创新思维方法，深度挖掘传统文化魅力，走上旅游产品创意开发的创新创业之路				

续表

课程思政教学内容	1. 社会主义核心价值观——爱国：热爱社会主义祖国、胸怀祖国，以旅游助力中华优秀传统文化的普及和对外传播。 2. 社会主义核心价值观——敬业：踏实、肯干，精益求精，吃苦耐劳。 3. 社会主义核心价值观——诚信：遵法守纪、诚实守信，能够保守商业机密。 4. 社会主义核心价值观——友善：互帮互助、共同进步。 5. 创新：应用创新思维方法，深度挖掘中华优秀传统文化的魅力
教学方法与举措	1. 通过引导文教学法，让学生分组依据项目任务书完成小组自学任务，培养学生自主学习、育人合作探究的团队协作精神。 2. 通过案例教学法，引导学生换位思考，了解目前旅行社产品设计中存在的主要问题，熟练掌握旅行社产品设计的方法和技巧。 3. 按照“发现问题—分析问题—解决问题”的问题导向流程，设置教学任务、选取教学方法、配置教学资源，提升学生善于分析问题和解决问题的能力。 4. 以项目教学法贯穿课程始终，实现“游客为本，服务以诚”“质量至上，规范操作”和“思维创新，文化自信”的职业核心素养综合培育。 5. 采用过程评价（30%）+成果评价（40%）+期末评价（30%）的综合性考核评价方式，注重对学习过程状态数据的采集和对项目任务完成成果的考核，树立起质量意识和严格要求自己的做事态度
课程思政载体	在课程教案中详细列出

（1）教学内容与方法设计。

本课程以 PDCA 循环为教学设计核心理念，发现问题、分析问题、解决问题，深度挖掘中华优秀传统文化，设计出更多文旅融合的旅游产品，以旅游助力中华优秀传统文化的普及与对外传播（见表 2-10）。

表 2-10 “旅行社产品设计”教学内容与方法设计一览表

项目名称	学习目标	思想政治教育融入点	教学方法与载体途径
项目 1 认识旅行社产品	1. 知识目标 （1）掌握旅行社产品概念； （2）理解旅行社有哪些特点； （3）掌握理解旅行社产品的类型。 2. 能力目标 （1）能够认识旅行社产品构成； （2）学会分辨旅行社产品的不同类型； （3）学会分析旅行社产品的特点。 3. 育德目标 （1）懂得学习既是自己的义务又是自己的权利，学习目的明确，学习态度端正，培养科学精神、科学态度，学习科学的学习方法； （2）培养学生道德评价和自我教育的能力； （3）培养学生良好的道德行为习惯	以当前旅行社产品集中存在的问题，引发标准建立的必要性，树立课程学习目标与评价标准。 强调通过学生自身的实践锻炼、生活体验、文化熏陶积累等方式提高个人的综合素养，培育旅游从业人员的职业素养，提高学生的主动参与意识	自我教育法：激起学生自我教育的愿望，帮助学生明确社会、家庭、学校对自己提出的道德要求；帮助学生制订自我修养的标准与自我教育的计划；指导学生监控和评价自己的道德表现。 载体途径：丰富的案例、行业动态信息；网络、课程平台

续表

项目名称	学习目标	思想政治教育融入点	教学方法与载体途径
项目2 分析旅行社产品的消费市场	1. 知识目标 （1）了解旅行社消费市场的现状及其变化发展趋势； （2）掌握旅行社消费市场的特点； （3）掌握旅行社消费市场的具体分析方法。 2. 能力目标 （1）能够进行旅行社产品的消费市场划分； （2）能够科学分析旅行社产品的消费市场。 3. 育德目标 （1）帮助学生坚定正确的政治方向，形成科学的世界观； （2）提高学生的道德修养，形成社会主义道德观； （3）培养学生的民族精神，形成正确的理想和信念	“文明旅游”和“旅游消费心理”两大专题。 “立志言为本，修身行乃先”。文明旅游重在行动，美在德行。呵护社会文明，维护公序良俗	情感陶冶法：通过学校的物质文化和精神文化环境使学生受到熏陶和感染，并通过文化艺术活动，使学生潜移默化地接受影响，引导学生参与情境建设，使学生在积极创建美好情境的活动中，感到自豪自尊，更加严格要求自己。 载体途径：丰富的案例、行业动态信息；网络、课程平台

续表

项目名称	学习目标	思想政治教育融入点	教学方法与载体途径
项目3 设计旅行社线路产品	1. 知识目标 （1）了解旅行社产品设计与开发的含义及重要性； （2）掌握旅行社产品设计与开发内容和影响因素； （3）掌握旅行社产品设计与开发的思路及基本原则。 2. 能力目标 （1）能够进行旅行社产品设计基础设计； （2）能够掌握旅行社产品设计与开发的主要方法。 3. 育德目标 （1）热爱祖国、热爱家乡、关心家乡建设； （2）有民族自豪感、自尊心； （3）培养学生的职业素养； （4）有基本的民主意识与法治观念，知法，守法； （5）相信科学，反对封建迷信和陈规陋习，有独立思考、实事求是、勇于创新的精神	设计“一日玩转成都”旅游产品，深化天府文化学习，以服务成都旅游市场发展为己任；设计“我的家乡好好玩”旅游产品，在乡村振兴背景下，培养学生热爱家乡、建设家乡的热情与意识；设计“最美四川精彩游”旅游产品，培养学生服务社会体现人生价值的意识，促进学生全面发展；设计国内主题旅游产品，在创新创业实践过程中内化中国传统文化。使学生懂得服务社会需要积极参与社会公益活动，需要热爱劳动、爱岗敬业，能够主动参与服务社会的活动。树立服务社会、奉献社会的意识，培养亲社会行为。有目标、有要求、有考核、有反馈	实践锻炼法：执行制度，让学生按照行业法规、社会准则、课堂纪律、项目要求等必要的规章制度进行锻炼，以真实项目启发学生参加实践的积极性。严格要求学生，且与尊重、信任和爱相结合，在项目实践过程中对临时发生的突发情况进行评价、阶段性评价、总结性评价，提高学生认识、增强信心，激发热情，鼓舞斗志。 载体途径：企业项目、项目案例、行业动态信息；网络、课程平台、校企实践基地

续表

项目名称	学习目标	思想政治教育融入点	教学方法与载体途径
项目4 旅行社产品质量管理	1. 知识目标 （1）了解旅行社产品质量的概念及评价标准； （2）掌握旅行社产品质量管理的内容，明确 ISO 9000 在旅行社产品设计中的应用； （3）掌握旅行社产品质量管理的实施方法及手段。 2. 能力目标 （1）能够对旅行社的产品质量进行评价和管理，具备一定的质量管理意识； （2）能够分析旅行社经营中面临的主要风险，掌握规避风险的相应措施和突发事故的处理依据。 3. 育德目标 （1）能运用马克思主义观点和方法观察分析社会现象； （2）遵守公民道德，懂得现代文明的生活方式和交往礼节； （3）有基本的民主意识与法治观念，知法，守法； （4）培养学生的职业素养	"旅行社产品标准化"和"旅行社产品特色化"两大专题。 严格执行法律法规，遵纪守法，不违反旅游者的合法权益。结合社会热点问题，适当联系相关知识，扩大学生知识面，增强认知能力	说服教育法：通过摆事实、讲道理使学生明辨是非、善恶，掌握行为规范标准，提高品德水平。充分利用讲解、报告、谈话、讨论、参观、访问、阅读书籍报刊等方式。 载体途径：丰富的案例、材料，行业动态信息；网络、课程平台

续表

项目名称	学习目标	思想政治教育融入点	教学方法与载体途径
项目5 旅行社产品品牌建设	1. 知识目标 （1）了解旅行社产品品牌建立的价值； （2）熟悉旅行社产品品牌营销中存在的问题及相应对策； （3）掌握旅行社产品品牌经营模式及营建品牌忠诚度的途径。 2. 能力目标 （1）能够了解旅行社产品品牌的价值及建立途径； （2）能够科学分析目前我国旅行社产品品牌建立过程中存在的问题，并找到相应的解决办法。 3. 育德目标 （1）能运用马克思主义观点和方法观察分析社会现象； （2）遵守公民道德，懂得现代文明的生活方式和交往礼节； （3）有基本的民主意识与法治观念，知法，守法； （4）培养学生的职业素养	“旅行社产品能否申请专利”和“旅行社产品品牌设计”两大专题。 结合社会热点问题，适当联系相关知识，扩大学生知识面，增强认知能力。可以利用参观、校外实践等手段与形式让学生根据自己的亲身经历接触现实、接触社会，从而形成对于整个旅游行业、对于自己即将从事的工作的客观认识并形成自己独立的见解，引导学生向正确的、具有责任感的、具有良好旅游从业人员职业道德的方向发展	实践锻炼法：执行制度，让学生按照行业法规、社会准则、课堂纪律、项目要求等必要的规章制度进行锻炼，以真实项目启发学生参加实践的积极性。严格要求学生，且与尊重、信任和爱相结合，在项目实践过程中对临时发生的突发情况进行评价、阶段性评价、总结性评价，提高学生认识、增强信心，激发热情，鼓舞斗志

续表

项目名称	学习目标	思想政治教育融入点	教学方法与载体途径
项目6 不同类型的旅行社产品设计	1. 知识目标 （1）了解如何分析市场需求，对产品设计做出方向性决定； （2）掌握观光旅游产品设计； （3）掌握休闲度假旅游产品设计； （4）掌握商务旅游产品设计。 2. 能力目标 （1）能够进行不同类型的旅行社产品设计，以满足和引导市场的需求； （2）能够科学分析目标客户的当前出现需求和潜在的出行需求，以便设计出适合市场的旅行社产品； （3）能够根据客人的需要设计旅游产品。 3. 育德目标 （1）培养学生爱国主义、集体主义情感； （2）培养学生的职业素养； （3）有基本的民主意识与法治观念，知法，守法； （4）相信科学，反对封建迷信和陈规陋习，有独立思考、实事求是、勇于创新的精神	“观光旅游产品设计”“休闲度假旅游产品设计”和“商务旅游产品设计”三大专题。 使学生懂得服务社会需要积极参与社会公益活动，需要热爱劳动、爱岗敬业，能够主动参与服务社会的活动。树立服务社会、奉献社会的意识，培养亲社会行为。有目标、有要求、有考核、有反馈	实践锻炼法：执行制度，让学生按照行业法规、社会准则、课堂纪律、项目要求等必要的规章制度进行锻炼，以真实项目启发学生参加实践的积极性。严格要求学生，且与尊重、信任和爱相结合，在项目实践过程中对临时发生的突发情况进行评价、阶段性评价、总结性评价，提高学生认识、增强信心，激发热情，鼓舞斗志。 载体途径：企业项目、项目案例、行业动态信息；网络、课程平台、校企实践基地

续表

项目名称	学习目标	思想政治教育融入点	教学方法与载体途径
项目7 “智慧旅游”在旅行社产品设计中的应用	1. 知识目标 （1）掌握智慧旅游在旅行社产品设计中的应用现状和前景； （2）了解旅行社产品设计新思路。 2. 能力目标 （1）能够使用计算机新技术扩展旅行社产品设计外延； （2）能够在智慧旅游背景下设计创新型产品。 3. 育德目标 （1）培养学生爱国主义、集体主义情感； （2）培养学生的职业素养； （3）有基本的民主意识与法治观念，知法，守法； （4）相信科学，反对封建迷信和陈规陋习，有独立思考、实事求是、勇于创新的精神	“智慧旅游”和“旅游+”两大专题。 强调通过学生自身的实践锻炼、生活体验、文化熏陶积累等方式提高个人的综合素养，培育旅游从业人员的职业素养，提高学生的主动参与意识	自我教育法：激起学生自我教育的愿望，帮助学生明确意识社会、家庭、学校对自己提出的道德要求；帮助学生制定修养的标准与自我教育的计划；指导学生监控和评价自己的道德表现。 载体途径：丰富的案例、行业动态信息；网络、课程平台

（2）服务社会教育。

将服务社会，社会服务贯穿整个课堂教学，并重点在实训教学部分进行专题式学习，培养提升学生服务社会的意识、能力与素养，使学生懂得服务社会需要积极参与社会公益活动，需要热爱劳动、爱岗敬业，能够主动参与服务社会的活动，树立服务社会、奉献社会的意识，培养亲社会行为。

例如，设计“一日玩转成都”旅游产品项目，将深化天府文化学习，以服务成都旅游市场发展为己任；设计“我的家乡好好玩”旅游产品项目，将在乡村振兴背景下，培养学生热爱家乡、建设家乡的热情与意识；设计“最美四川精彩游”旅游产品项目，将培养学生服务社会体现人生价值，促进全面发展；设计国内主题旅游产品项目，将在创新创业实践过程中内化中国传统文化。

（3）职业道德教育。

所有理实一体的学习，都将旅游行业职业道德与职业素养贯穿于学生价值观、人生观、道德观、科学精神、工匠精神培养全过程，使学生全面、正确理解旅游活动中，人与人应当建立的关系和维系的道德。

3. 教学效果与示范辐射

（1）教学效果。

本课程将服务社会、社会服务贯穿整个课堂理论教学，并重点在实训教学部分进行专题式学习，培养提升学生服务社会的意识、能力与素养，使学生懂得服务社会需要积极参与社会公益活动，需要热爱劳动、爱岗敬业，能够主动参与服务社会的活动。树立学生服务社会、奉献社会的意识，培养学生亲社会行为。

在设计“一日玩转成都”旅游产品时，深化天府文化学习，以服务成都旅游市场发展为己任。

在设计“我的家乡好好玩”旅游产品时，在乡村振兴背景下，培养学生热爱家乡、建设家乡的热情与意识。

在设计“最美四川精彩游”旅游产品时，培养学生服务社会体现人生价值，促进全面发展。

在设计国内主题旅游产品时，在创新创业实践过程中内化中国传统文化。

随着教学的深入开展和毕业生信息的不断反馈，本课程对于学生择业和从业的重要性日益显现，并且也提出了不断根据实际情况进行改革的要求。自 2015 年依托课程网站开放课程资源以来，直接和间接受益学生人数达到 3 000 余人次。学习过本门课程的毕业学生专业技能强、适应能力强，热爱劳动、爱岗敬业，能够主动参与服务社会，普遍受到用人单位欢迎。四川省中国旅行社、四川省中国青年旅行社等多家知名旅行社均表示，“旅行社产品设计”课程的开设为学生打下了扎实的专业基础。开放共享的课程资源既服务于在校生的创新创业，也服务于毕业生的职业延续发展。

本课程通过课程改革培养和锻炼教师队伍，提高教师的专业素养和课程开发能力，课程负责人薛佳及团队成员依托“旅行社产品设计”课程获得 2019 年四川省教师教学能力大赛一等奖（并代表四川省参加国赛）。本课程也切实促进了学生旅行社产品设计能力的大幅提升，参加全国红色旅游工作协调小组办公室第七届全国大学生红色旅游创意策划大赛获得三等奖，2018 年全国高校商业精英挑战赛商务会奖旅游策划竞赛全国总决赛获得一等奖。

（2）示范辐射。

“旅行社产品设计”课程于 2015 年 12 月被四川省教育厅评为 2015 年四川省精品资源共享课，课程资源通过课程网站向公众全面开放，并于 2016 年 3 月出版教材《旅行社产品设计》，课程资源在多家高职院校旅游专业教学中得到应用。同行评价本课程资源形式活泼、信息丰富、内容完善，同时具备前瞻性与操作性，在课堂上最大限度地实现了“情境教学”和课后的项目驱动型实践教学。本课程资源针对旅行社实际需要，从内容体系到教学方法都进行了富有成效的创新和改革，教学效果良好。同时，本课程的数字化课程资源包开发项目也于 2016 年 1 月入选国家旅游局人事司 2015 年度“万名旅游英才计划——双师型教师培养项目”，2017 年 3 月结题后课程影响与受益面将扩大至全国范围。

依托成都旅游职教集团“名师进课堂”等系列活动，本课程学生受益面还扩展至参加集团的 29 所院校。本课程紧贴行业现状，及时地将行业内最新信息引入课堂，使学生提前把握旅行社市场运营与操作实务的部分信息。本课程设计了完善的实践环节，使学生在理论学习的基础上，能快速地将理论知识转化成实践能力，基本实现了“零对接”。

2019 年 9 月，本课程作品“旅行社主题产品设计”获得四川省 2019 年职业院校技能大赛教学能力比赛一等奖，并代表四川省参加全国职业院校技能大赛教学能力比赛。

4. 政策支持及配套保障

（1）出台管理办法，明确建设目标。

学院高度重视课程思政示范课程建设工作，制定并实施了《成都职业技术学院课程思政建设工作实施方案（试行）》，方案中对课程思政建设项目的建设措施、资源配置、奖励政策等都作了具体要求。

（2）健全激励机制，推动课程建设。

学院对课程思政建设项目采用项目管理方式，通过立项申报，最后评估、验收程序进行。对确定为院级课程思政项目的课程给予 5 000 元的建设经费，对拟推荐省、国家课程思政示范课程给予相应启动经费进行前期重点投入。为支持各级课程思政项目建设，学院还多次派出教师、教学管理人员开展学习和经验交流，并指定专人负责相关协调、指导工作，同时通过自编教材推荐出版、教学设计竞赛及说课竞赛等形式促进课程建设。旅游管理专业（含本课程）学院投入的建设实训基地基础设施的建设费用，主要用于实践教学设备及实训室建设、师资队伍建设、课程体系与教学内容改革，现建成有较先进的旅游电子商务实训室（旅游大数据中心）、旅行社计调中心、虚拟现实实训室、模拟导游实训室。另外，作为省级重点专业旅游管理专业核心课程，本课程的建设学院还对本课程给予了大力度的政策、资金和人员支持，并建成课程网站。

（3）定期培训，层层选拔。

学院领导班子对课程思政示范课程建设非常重视，成立了课程思政示范课程建设领导小组，并聘请校外专家进行建设培训指导。同时，学院进行了课程思政示范课程建设立项，并将优质量的课程思政示范课程推荐至省教育厅参评四川省课程思政示范课程。

案例三　“急救护理学”课程思政示范课程建设方案

一、课程基本信息

（一）课程性质

“急救护理学”是护理专业核心课程，授课对象为高职护理专业二年级学生，开设于第 4 学期，共 36 学时，2 学分。

（二）课程目标

本课程旨在培养学生在急救护理工作中运用急救基本知识和技能对常见急危重症患者进行识别、观察和救护的能力；面向急诊护理工作岗位，在紧急情况下对患者及时、准确地实施整体救护的能力。通过本课程的学习，学生应具有综合分析和实践动手能力，具备良好医德和创新意识。

1. 思政目标

（1）坚定“四个自信”，具备爱国主义情怀，具有中华民族自豪感。

（2）树立以“至诚至善、敬佑生命”的职业理想，具有社会责任感和职业使命感。

（3）提升生命第一、时效为先、爱伤敬业、移情沟通、慎独严谨、思辨创新的职业素养。

（4）敬佑生命，具备爱伤观念及移情意识；热爱劳动，履行道德准则和行为规范。

（5）具备临床评判性思维和应变能力，建立辩证发展的科学观。

（6）具备大爱无疆、救死扶伤、敬业奉献的医者精神，形成无私奉献、无畏逆行的职业担当。

2. 知识目标

（1）归纳院前救护的原则、院前救护技能操作要点、灾难现场救护流程；说出院前救护的特点、气道异物梗阻的原因、心肺复苏术的原理、各种外伤现场救护操作的注意事项、检伤分类要点。

（2）归纳急诊病人救护要点、急救处理措施、洗胃术、气管插管技术的操作流程及注意事项；说出急救绿色通道的设置与管理、急诊工作流程，中暑、淹溺、电击伤、急性中毒临床表现，洗胃术、气管插管技术的适应证及禁忌证。

（3）归纳多参数心电监护、呼吸机应用操作方法及注意事项、MODS 的救护措施；说出 ICU 常用监测技术、多参数心电监护、呼吸机应用的适应证及禁忌证、MODS 的临床类型及分期。

3. 技能目标

（1）能完成急危重症患者的现场评估。

（2）能快速启动应急反应系统能为护理对象的身体、心理、社会、文化等方面提供整体护理。

（3）能快速、准确地完成灾难现场分工、分区和分类，能灵活应用院前救护技术。

（4）能独立进行急危重症患者的健康教育和卫生保健指导。

4. 素质目标

（1）建立时间就是生命的急救意识，具有爱心，具有爱岗敬业的职业精神。

（2）养成精益求精的职业素养，提高为社会急救服务的能力。

（3）具有关爱伤患意识，具备团结协作和沟通能力。

（4）树立严谨细致、精益求精的职业精神。

二、课程思政建设总体设计情况

课程团队对接成都市大力发展健康服务业的需求，结合学校“成都服务、服务成都”的办学定位，根据《高等学校课程思政建设指导纲要》的精神，开展了“急救护理学”的课程思政建设。

（一）“两个立足”确定课程思政目标

立足护理专业人才培养目标——培养“医德高尚、技艺精湛、有温度、有情怀”的复合型健康照护服务人才，以及急诊护理岗位能力需求和急救护理工作特点的临床调研，确定“急救护理学”课程思政目标为：着力培养学生爱伤观念及移情意识，引导学生树立以至诚至善、敬佑生命的职业理想，提升生命第一、时效为先、爱伤敬业、移情沟通、慎独严谨、思辨创新的职业素养，形成无私奉献、无畏逆行的职业担当。教学实施过程中将课程思政目标细化分解到每个教学任务，形成了完备的课程教学思政目标体系。

（二）“五个方面”构成课程思政建设重点

围绕教学目标和课程内容，结合岗位要求和课程思政目标，明确“急救护理学”课程思政建设重点包括：深入挖掘课程思政元素，提炼为四个课程思政主题，融入课程教学内容；全面建设课程思政资源，包括案例、视频、实训、教材等软性资源，以及校内外实训基地、社会实践基地等硬性资源；创新拓展课程思政路径；课内、课外、线上、线下四维联动有效实施课程思政；构建课程思政考核体系，探索全员全程全方位的课程思政考核。

三、课程思政教学实践情况

（一）深入挖掘课程思政教育资源，优化课程思政内容供给

“急救护理学”作为护理领域覆盖面最广的专业核心课程，教学目标是传授急救护理知识，培训急救护理技术，培养急救护理能力。根据急危重症患者抢救场景将课程内容序化重构为“院前救护”—“急诊救护”—“重症监护”三大模块，9个工作任务。围绕“仁心精术、救死扶伤”的医者精神，深入挖掘急危重症护理的思政教育资源，提炼出“谨以至诚、敬佑生命”—“生死时速，必邃必专”—“救急扶伤，惟爱以护”—“生之重托，惟精以护”四个课程思政主题，分别融入移情沟通、爱伤敬业、团队协作、慎独严谨、思辨创新、健康生活、文化自信、社会责任等德育元素。结合教学任务的特点和学生的认知规律，有针对性地选择思政载体，设计教学活动。

（二）创新“三阶四维五环”的一体化课程思政教学模式

1. 三阶递进，序化课程思政层次

根据学生认知规律以及急危重症护理岗位需求，“急救护理学”将课程思政内容序化为职业理想（至诚至善、敬佑生命）—职业素养（时效为先、爱伤敬业、移情沟通、团队协作、慎独严谨、思辨创新）—职业担当（无私奉献、无畏逆行）的递进层次，引导学生将职业理想内化于心，职业素养外化于行，最后达成职业担当固化于品，构建起德技并修的职业成长层级。

2. 四维协同，拓展课程思政渠道

通过思政元素的挖掘，精心设计课堂教学，从课前导学到课堂教学案例，

再到课后拓展学习，将思政教育贯穿于教育教学全过程，关注“温度”和“情怀”的护理核心价值观的培养。依托智慧职教和优慕课等平台，建设课程线上教学资源，开设“急救护理学”线上课程，将课程思政教育从线下延伸到线上。开展健康人文主题教育活动、社团活动、社区志愿者活动、专业实践活动、社会调查活动等，宣传急救知识、普及急救技能，着力培养学生的团队精神、协作意识、社会责任等品质，拓展第二、三课堂的思政育人功能。通过课内课外、线上线下四维协同，多渠道培养学生的救死扶伤的医者精神，全方位营造课程思政教育氛围，达成浸润式德育目标。

3. 五环融通，构建课程思政体系

将课程教学目标与思政目标有机融汇，根据急危救护的“早、准、快”以及重症监护的“精准治疗、精心守护、精密检测”的职业岗位要求，挖掘出爱伤观念、移情沟通、严谨求实、思辨创新、慎独慎微等思政元素，结合新冠肺炎疫情防控，有机融入中国速度和中国力量，青春逆行、无私奉献，社会责任的思政元素，采取角色扮演、小组任务、话题讨论、拓展学习、思政小讲课等教学方法，创新课程思政路径。依托案例、视频、实训、阅读资料、微课等将课程思政元素基因式融入教育教学全过程，提炼可测可评的思政考核点，将思政考核与课程考核融合，最终构建从目标—实施—测评—诊改反思的闭环课程思政体系，从而达成知识传授与价值引领融合共生，同向同行的课程思政目标。

四、课程评价与成效

（一）课程考核

全面考核学生对急救知识的掌握度以及思想政治教育的达成度，将思政目标、知识目标、技能目标细化分解，提炼可测可评的课程思政考核点，建立评价主体多元化、评价内容全面化的全程跟踪考核评价体系，将知识传授、技能训练与价值引领相结合，充分关注学生在认知、技能、情感、价值观层面的表现。

（二）教学评价

学校教务处组织的学生评教中，主讲教师缪礼红的评教分数为 99.63 分，课程“急救护理学”评教分数为 98.98 分，均为优秀等级。“急救护理学”线上选课人数近 1200 人，课程反馈良好，同类高职院校以及合作医院对本课程评价较高。

（三）建设成效

通过课程思政教学改革建设，成效显著。“急救护理学”2019 年立项成为四川省在线开放课程，2020 年立项成为四川省课程思政示范课程。2019 年课程组教师的“院前救护”教学设计在教师教学能力大赛中获四川省一等奖，全国三等奖。出版规划教材 1 本，开发云教材 1 本。

（四）示范辐射

本课程形成了“三阶思维五环”一体化课程思政教学模式，特色鲜明，路径清晰，对专业课程如何开展课程思政具有较好的示范作用。“急救护理学”线上课程已覆盖同类高职院校、行业机构共 237 个，依托课程第二课堂，每年开展 4 次以上社区志愿者活动，具有较好的课程引领行业、服务社会的辐射作用。

五、课程特色与创新

（一）路径创新，厚植专业教学思政基因

“急救护理学”围绕“敬佑生命、救死扶伤、甘于奉献、大爱无疆”的职业精神，创新拓展多种课程思政路径，第一课堂筑牢思政基础，第二课堂拓展职业素养，第三课堂践行职业担当，将思政元素基因式植入课程教学，使专业学习与课程思政相融共生，行稳致远。

（二）价值引领，塑就无畏逆行青春榜样

“急救护理学”课程教学中注重对学生心系家国、笃行济世的价值观引领，引导学生把远大理想与个人抱负、家国情怀与人生追求熔融合一，涌现出一大批德技兼修的青春榜样：被病人称为“生死摆渡人”的西南地区首位器官移植协调员薛同学；在新冠肺炎疫情防控中成都市公立医院首批医疗队伍年龄最小的志愿者唐同学；来自藏族聚居区热爱读书，感恩国家民族政策的四川省高校“最美读书人”边同学；勤于练技荣获四川省护理技能大赛三等奖的“9+3”学生，还有毕业后义无反顾援藏工作的“最美天使”熊同学……，这些青春榜样彰显了医护学子无私奉献、无畏逆行的社会担当和家国情怀。

六、课程建设计划

“急救护理学”课程思政示范课程建设工作受学校高度重视，且课程团队结构合理。以学校《成都职业技术学院课程思政建设工作实施方案（试行）》为制度保障，以课程团队师资力量为建设保障，未来五年，“急救护理学”将进一步完善和优化“三阶四维五环”课程思政教学模式，培养学生“敬佑生命、救死扶伤”的崇高职业精神，增强学生新时代健康使命意识，勇做人民健康的守护神。具体措施主要包括：加强课程团队建设，提升课程思政建设能力；完善课程思政体系，持续推进课程思政改革；开发课程思政资源，丰富课程思政内容供给；创新课程思政路径，充分发挥课程服务功能（见表2-11）。

表 2-11 “急救护理学”建设计划

	目标	建设举措
师资团队	建成一支专业教学水平高，思政育人能力强，结构合理的双师课程团队	1. 加强师德师风建设。 2. 开展课程团队定期教学研讨、集体备课。 3. 开展课程思政建设能力提升培训。 4. 开展临床调研
思政体系	形成较为完备的立体化、可视化课程思政体系	1. 坚持与时俱进，从新理念、新思想、新战略中提取思政内容，挖掘课程思政元素。 2. 拓展课程思政路径，完善课程设计，修订教学文件。 3. 优化课程思政考核方案
思政资源	形成较为丰富的课程思政资源库	1. 整理完善课程思政案例库。 2. 优化课程视频资源。 3. 建设课程第二课堂阵地
社会服务	建成课程思政示范引领课程以及社会服务平台课程	1. 加强线上教学资源的建设。 2. 拓展课程第二课堂教学功能，创新第二课堂教学方法。 3. 开展社区志愿者活动，发挥课程服务社会功能。 4. 加强“9+3”民族学生教育教学研究，推动教育扶贫、技能扶贫

案例四 "国学"课程思政示范课程建设方案

一、课程基本信息

"国学"是公共基础课程，授课对象为高职大一年级学生，开设于第1学期，共32学时，2学分。

二、课程思政建设总体设计情况

近年来，课程团队深入贯彻党中央精神，结合学校发展定位和各专业人才培养目标，开展了基于课程思政理念的教学改革。

（一）"一个引领，两个服务"确定课程思政目标

本课程以习近平总书记关于传承发展中华优秀传统文化的重要讲话精神为引领，服务学生人文素养提升需求，服务职业教育人才培养目标，确定本课程思政目标为：通过对中华核心思想理念、中华传统美德、中华人文精神的学习，培养学生的爱国情怀、德行修养、荣辱观念等，提升人文综合素养，增强文化自信心。通过国学教育，能有效培育有担当、有责任感、有使命感的大学生，构筑青年学生的中国精神。

（二）"纵向贯通、横向联动"全面推进课程思政建设

本课程对接学校"学校—专业群—专业—课程—课堂"课程思政目标链，构建了"专业人才培养方案—课程标准—教学大纲—教案"层层落实的课程思政教学体系，通过"确定课程思政教育目标—深入挖掘和凝练课程思政元素—设计课程思政教学策略—制定课程思政考核方案—落实课程反思与诊改"实施课程改革，将课程思政贯穿于课堂授课、课外自学、校内活动、专业研习各环节，课程思政案例库、在线课程建设中，一二三课堂教学活动组织中，实现纵向贯通、横向联动。同时，依托古代诗词、文献资料、文物遗存，借助云班课、各大网上博物馆平台，通过小组讨论、文化研习、头脑风暴等学生活动，引导学生领略中华优秀传统文化的悠久历史和丰厚底蕴，坚定中国特色社会主义文化自信，实现价值观的内化生成，达到润物细无声的文化育人效益。

三、课程思政教学实践情况

近年来，教学团队坚持不懈用习近平新时代中国特色社会主义思想铸魂育人，坚持显性教育和隐性教育相统一，深入挖掘本课程内容和教学方式中蕴含的思想政治教育资源，引导学生了解世情、国情、党情、民情，坚定中国特色社会主义道路自信、理论自信、制度自信、文化自信，让学生通过学习，通晓天下道理、丰富学识、增长见识、塑造品格，通过深入开展课程思政教学改革，落实立德树人，实现文化育人。

（一）深入挖掘思想政治教育资源，完善课程内容

在课程内容选择上，我们将中华优秀传统文化核心思想理念、中华传统美德以及中华人文精神融入进了七个教学单元，通过学习传统思想、传统艺术、传统节日等厚植学生爱国主义情怀，加强学生品德修养，提升学生综合素养，坚定学生理想信念。

同时，根据各专业人才培养目标及学情特点，有针对性地选择教学内容、思政案例，设计教学目标、教学活动，如针对财经类学生注重培养其诚信服务、德法兼修的职业素养；医护专业则注重加强医者仁心教育；艺术类专业则注重培养其审美和人文素养。

（二）创新课程思政改革模式，改进教学方法

1. 创新教学理念，推进传统文化创新性传承

基于习近平总书记关于传统文化创新性发展的要求，依据高职人才培养目标、专业人才培养计划、“国学”课程标准，从学情和教学实际出发，在教学设计上，坚持“古今融通”的理念，立足古代经典，从社会热点、国际国内形势、现实问题等导入思政内容，坚持讲好中国故事，引导学生思考传统文化的当代价值，实现中华优秀传统文化的创造性转化和创新性发展。

2. 创新课堂教学模式，推进现代信息技术在课程思政教学中的应用

充分借助现代化信息手段，借助我院“国学”“天府文化”资源共享平台和云班课移动教学平台开展混合式教学。利用国学网、传统文化网、孔子学院、古诗文网等网络资源，采用任务驱动、案例教学、小组合作、头脑风暴、文化调研等教学方式，通过视频、图片、文字、讲授等多种方式，打造数字化、网络化、信息化课堂。注重教学模式开放化、教学方式灵活化、过程管

理高效化、评价方式多元化，实现课堂教学的知识性、思想性、实践性、趣味性的统一。

3. 改进教学方法，实现全过程育人

本课程在实施中借助云班课、课程资源网以“小组学习”+“项目式学习”开展“课前—课中—课后”一体化教学模式，将育德元素贯穿教学始末，关注学生认知、情感、价值观的表现，注重培养学生团队精神、协作意识、责任担当等品质。

4. 探索课程思政“高职模式”，实现辐射引领

（1）拓展“课堂学习—校园活动—专业融通”育人渠道，实现一二三课堂横向融通。

立足第一课堂，充分挖掘立德树人宝贵资源，筑牢学生政治认同、家国情怀根基。在校园活动中，充分利用我校书香棋韵特色图书馆、“蜀地蜀风文化”体验区、家风家训主题阅读区开展国学诵读早训、“中华经典咏写”、世界读书日活动、“天府名家讲国学”等主题教育活动，传播中国文化，讲好中国故事，以活动为载体，进一步提升学生文化素养，推动社会主义核心价值观教育。结合职业教育类型化特征，开展专业融通，推进文化课程与专业、产业的创新融合和转化，促成学生以文化为内核的专业思维，三课堂联动，践行三全育人理念，完成学生“学习感知—吸收内化—创新应用”的成长蜕变。

（2）打造“校内专任教师+校外文化大师+思政导师”多元教师团队，实现多维目标达成。

通过多元教师团队实现“知识传授—能力培养—价值引领”，打造青年学生文化自信的坚实根基。

四、课程评价与成效

（一）创新课程评价标准，培养学生以中华优秀传统文化和社会主义核心价值观为内核的专业思维

基于OBE理念，借助各大平台数据制定了涵盖第一、二、三课堂学习情况，充分反映知识传授与价值引领结合，及时反映学生成长成才情况的课程评价标准。通过课程学习，促成学生以文化为内核的专业思维，坚定理想信

念、爱国情怀、文化自信。

（二）基于课程思政理念开展课程改革，促进教师团队与课程同步成长

近年来，教师团队积极开展教学改革实践，参与教学比赛，推进了课程建设和教师团队同步成长。在学校教务处组织的学生评教中，主讲教师杨扬的学生评教分数为 97.62 分，课程“国学”评教分数为 97.65 分，教学督导评价分数 92.8，均为优秀等级。通过中华优秀传统文化的学习，加强了学生对中华文化的认知和认同。在潜移默化中帮助学生坚定了理想信念、爱国主义情怀、加强了品德修养、增长了知识见识、提升了综合素质。

（三）打造传统文化线上线下平台，讲好天府故事，传播中华文化

近年来，我校以习近平新时代中国特色社会主义思想为指导，打造了书香棋韵特色图书馆、“中华经典咏写”等品牌活动，构建了“国学”开放课平台，将中华优秀传统文化与文化育人紧密结合，大力弘扬以爱国主义为核心的民族精神和以改革创新为核心的时代精神，讲好中国故事，传播中华文化，服务在校学生、社会大众。

（四）加强课程思政学习交流，推进改革成果辐射转化

目前团队成员共主持、参与建设国家级课程思政示范课程 1 门、省级示范课程 2 门、省级示范教学团队 2 个，院级示范课程 6 门、示范案例若干。并通过线上线下平台积极开展课程思政经验总结交流、相关推广和成果转化，产生了有益辐射影响。

五、课程特色与创新

（一）创新中华优秀传统文化课程教学模式，适应时代需求，提高学生获得感

在教学设计和实施中，坚持“古今融通”的理念，依托国学经典、史料遗迹，充分借助信息化教学手段，立足历史，展望未来，讲好中国故事，传承中华优秀传统文化。通过创新教学模式、革新教学方法，引导学生认识中华优秀传统文化的当代价值，培养其文化传承的自觉。

（二）推进“文化+”行动，服务专业，服务城市发展

本课程将中华优秀传统文化学习与青年价值观教育协同共建，坚定中国

特色社会主义文化自信，增强家国情怀，与思政课程一起形成协同育人的效益。同时在教学过程中，充分贯彻落实习近平总书记关于中华优秀传统文化创新性传承的精神，紧扣各专业学生人才培养目标、岗位要求，充分利用各专业资源，将中华优秀传统文化的学习与学生专业能力的培养密切结合，实施“文化+”行动，在学习过程、学习成果上鼓励学生对传统文化进行创新性表达，有效推进了传统文化与相关专业、产业的创新融合和转化，培养了高职学生以文化为内核的专业思维，促进了中华优秀传统文化的创造性转化和创新性发展。

六、课程建设计划

今后5年，我们将在学校党委领导下，在学校政策、经费的大力支持下，持续开展课堂思政建设。

抓好教师队伍“主力军”：不断加强师资队伍建设，通过教研活动、参观交流等活动铸牢师魂，加强教师育德意识和育德能力，提高团队教师的教改科研、社会服务水平，锻造一支政治强、情怀深、思维新、人格正的师资队伍；持续推进“思政导师”“校外文化导师”与本课程教师团队的融合，明确功能，加强合作；不断完善线上课程资源，组建传统文化宣传团队，切实做到服务学生成长，服务地方区域发展，发挥高职院校服务功能。

抓好课程建设“主战场”：做好“一课一案”，持续凝练中华优秀传统文化核心价值理念，打造有时代特色、价值引领作用的中华优秀传统文化课程；抓好一二三课堂融通，充分利用信息化技术，采用混合式教学模式开展第一课堂教学，加强与学生处、各分院的合作，充分开展校园文化活动，构建第二课堂系统活动；依托各专业资源，挖掘社区、博物馆、文化产业园等企事业单位合作可能，完善第三课堂，推进传统文化创造性转化。

抓好课堂教学“主渠道”：做好“一堂一策”，将课程思政落实到课程目标设计、教学大纲修订、教材编审选用、教案课件编写各方面，贯穿于课堂授课、教学研讨、实验实训、作业论文各环节。

经验总结篇

坚持立德树人、构建思政课程与课程思政协同育人体系[①]

习近平总书记在全国高校思想政治工作会议上明确提出，高校思想政治教育工作“要坚持把立德树人作为中心环节，把思想政治工作贯穿教育教学全过程，实现全程育人、全方位育人，努力开创中国高等教育事业发展新局面”，强调“思想政治理论课要坚持在改进中加强，提升思想政治教育亲和力和针对性，满足学生成长发展需求和期待，其他各门课都要守好一段渠、种好责任田，使各类课程与思想政治理论课同向同行，形成协同效应”。

成都职业技术学院坚持以习近平新时代中国特色社会主义思想为指导，坚持理论提升与实践同步推进，着力把课程思政建设作为落实立德树人根本任务的基础性工作，创新构建课程思政与思政课程协同育人体系，浓郁立德树人氛围，厚植成职育人土壤，推动思想政治工作体系贯通学校人才培养体系，提升人才培养质量，让习近平总书记关于立德树人的重要论述在学校落地生根、开花结果。

一、不断完善顶层设计，创建协同育人体制机制

一是坚持从中国特色高等教育制度层面认识课程思政，以“三全育人”体制机制建设为牵引，完善“党委领导、行业参与、教务主导、思政指导、全员育人”的育人制度体系，增强育人制度协同，创新思政课程与课程思政协同育人的制度建设与激励机制。二是不断明晰工作思路，形成有力推进举措，制定出台《成都职业技术学院课程思政建设工作实施方案》《成都职业技术学院课程思政验收标准》等相关文件，修订完善专业人才培养方案和课程标准，不断深化“课程门门有思政，教师人人都育人”的格局。三是坚持理论研究与实践推动同步并进，学院党委书记牵头，整合马克思主义学院和教

① 《成都职业技术学院：坚持立德树人、构建思政课程与课程思政协同育人体系》于2020年12月29日发表于“学习强国”（四川学习平台）。

务处等部门的“精兵强将”，积极开展思政课程与课程思政协同育人的政策与理论研究，多次聘请专家进行课程思政等专题讲座，统一思想、指导实践、推动工作，将思政课程与课程思政建设纳入学校改革发展重要议事日程和年度工作中，做到有部署、有落实、有检查、有保障、有激励。

二、持续深化课程建设，构建协同育人的课程体系

隐性教育和显性教育相统一是思想政治教育的一项重要原则，立德树人既需要思政课显性教育的“大水漫灌”，又需要课程思政隐性教育的“精准滴灌”，协同育人。一是高质量推动思政课程建设，发挥核心引领作用。创新构建“价值引领、能力本位”教学设计理念，聚焦资源、教材、教法、师资改革，实施“思政创优”工程，开发“明德 e 堂”微信平台，研制 140 余个微课资源库，建设“四馆五室”为依托的实践教学中心，打造“两微一云”（即微信平台、微课资源和云班课教学）信息化教学模式，促进线上线下混合翻转，提升课程“口感”，打造有情有义、有棱有角的铸魂育人金课，发挥立德树人的引领示范功能，帮助学生打好一生健康成长的政治底色。二是高质量建设公共基础课程。重点建设了“国学与天府文化”“创新设计思维”等为代表的一批涵养大学生思想道德修养、人文素养、科学精神、法治意识、职业核心能力的通识课程，陶冶学生情操，温润学生心灵，涵养人品人格，激发创新创造活力。三是结合专业特点分类推进专业课程思政建设。根据不同学科专业的特色和优势，深入研究不同专业的育人目标，深度挖掘提炼专业知识体系中所蕴含的思想价值和精神内涵，打造“旅游产品策划”“税收策划”“医用护理”等一批专业课程思政，从课程所涉及专业、行业、国家、国际、交流、文化、历史等视角，促进知行合一、德技并修，培育工匠精神。通过三类课程思政建设，构建思政课程引领示范、文化基础课程涵养夯实和专业课程思政深化拓展的课程思政体系，紧紧抓住教师队伍“主力军”、课程建设“主战场”和课堂教学“主渠道”，让所有教师、所有课程、所有课堂都承担育人责任，所有课程都旗帜鲜明地站稳立场，针锋相对地批判错误观点、引领社会思潮，守好一段渠、种好责任田。

三、抓好“三个关键环节”，构建协同育人的路径策略

根据学院实际情况，遵循基础在“课程”、重点在“思政”、关键在教师、重心在院系、成效在学生的总体思路，紧紧抓住“挖掘思政元素、有机融入教学和教育者先受教育”这三个关键环节，破解专业教育与思政教育的“两张皮”。一是深度挖掘课程蕴含的思想政治教育元素。结合课程所归属或者服务的专业（学科），结合学生未来从事工作的行业属性和要求的职业素养，结合中国特色社会主义伟大实践、结合国际国内时政，持续优化教学内容、教学设计、教学手段等，寓价值观引领于知识传授和能力培养之中，体现课程承载思政的课程观。二是有机融入课堂教学，润物无声滋养学生心灵。坚持教师主导性与学生主体性相统一原则，将挖掘的思想政治教育元素像“盐”一样有机融入教学，实现知识传授、能力培养和价值引领的有机统一，提高育人实效，提升学生的满意度和获得感。三是秉承教育者先受教育的理念，采用“请进来、走出去”的策略，强化师德师风建设，千方百计不断增强教师思想政治教育的意识，不断提升教师思想政治教育的能力和水平，培养一支具有自觉育德意识和较强育德能力的教学名师团队。

高职“立德铸魂 以劳树德”育人体系的构建与质量评价体系的创新与实践——以成都职业技术学院为例

一、研究意义

（一）有利于全面落实立德树人根本任务，解决各渠道“单兵作战”的分散问题

习近平总书记多次就高校落实立德树人根本任务作出重要指示，指出“思政课是落实立德树人的关键课程”“课程思政是落实立德树人的战略举措”“劳动教育是落实立德树人的重要途径”。这三个渠道都是落实立德树人的有效路径，但如何把各渠道分散的力量整合起来，创新构建多元一体的育人体系和质量评价体系是时代赋予的重大课题。

（二）有利于全面把握立德树人内在要求，解决显性教育与隐形教育相结合的模式问题

当前高校思想政治工作呈现出高度复杂性和艰巨性，单纯依靠显性的“孤岛式”思政课很难实现立德树人的目标。本课题的研究就是要解决思政教育与专业教育“两张皮”、第一课堂与第二课堂相脱离、“以劳树德”育人功能发挥不充分、理论与实践联系不紧密等问题，真正将显性教育与隐形教育相结合，把思想政治工作贯穿教育教学全过程，实现全员全程全方位育人。

（三）有利于全面提升人才培养质量，解决筑牢主阵地、增强获得感的路径问题

课程是人才培养的重要载体，是高校思想政治工作的主渠道，要提高人才培养质量，必须注重课程建设质量。本课题的研究就是将思政课程、课程思政、劳动教育融入专业群建设，动态优化人才培养方案，重构专业群课程体系结构，构建具有专业性、实践性、开放性和针对性的课程体系，筑牢高校育人主阵地，提升立德树人工作成效。

二、研究现状

（一）单一渠道研究多，育人体系研究少

纵观现有研究，高校对于立德树人的相关研究大多是从习近平总书记关于立德树人的重要论述中寻找启发，更多集中在对单一渠道的创新实践上。比如对思政课程的研究主要集中在新时代思政课的守正创新、思政教师队伍建设、思政“金课”打造等。对课程思政的研究主要集中在时代价值、逻辑背景及建设路径层面，如高德毅、宗爱东的《从思政课程到课程思政：从战略高度构建高校思想政治教育课程体系》，何红娟的《课程思政视域下高职院校建构协同育人平台的逻辑理路》，等等。对劳动教育的研究主要集中在关于诠释劳动教育内涵的研究、劳动教育现状的研究、关于加强劳动教育路径的研究等方面。然而，单一分散渠道的研究，难以应对当前意识形态领域问题的复杂性和多样性，难以深入探究当下高校思想政治教育的困境及其破解方法，难以广泛凝聚共识，切实形成德育工作合力。

（二）理论层面研究多，实践层面探索少

整体而言，当前对立德树人的理论研究已成燎原之势，在理论内涵、价值意蕴、路径策略等方面都涌现了较多成果。但是，立德树人不仅要从理论层面进行研究，更加需要理论联系实际，解决现实问题。比如如何将立德树人教育目标切实贯穿人才培养的全过程，融入专业课程建设和课堂教学，全面覆盖第一课堂和第二课堂，贯通理论学习和实践活动。如果目标不能一以贯之，那么再多的路径和策略研究都不过是隔靴搔痒、劳而无功。遗憾的是，关于如何贯通目标，层层分解、环环相扣、一一落实，如何具体贯彻落实立德树人的实践研究却十分薄弱。

（三）测评指标研究多，评价体系研究少

质量评价对促进体系优化、目标达成和反馈总结都起着十分重要的作用。近 2 年来，关于质量评价的研究不断涌现，但主要集中在对测评指标的设置上，比如思政教师教学能力指标、部分专业课程建设指标、劳动教育实践评

价指标等。对于如何建立一个与立德树人目标贯通体系相呼应的，具有系统性、逻辑性和有效性的，全方位、立体式、多维度的质量评价体系的研究还处于起步阶段，缺乏具有实践性、示范性和先进性的研究成果。

三、研究目标

（一）形成“思政课程+课程思政+劳动教育”三方融合的育人体系

深入挖掘育人目标、育人元素和育人功能，并实现其纵向从专业群到专业到课程贯通，横向全面覆盖第一课堂和第二课堂，构建目标贯通的课程体系和实践项目体系，形成多渠道立德树人强大合力。实现将思想政治教育贯通人才培养的全过程，贯穿所有专业、所有课程、所有课堂，实现课内+课外、校内+校外全方位、全区域育人。

（二）建成育人保障体系，为立德树人层层落实提供坚实保障

在现有基础上，整合现有专业实践基地、思政实践基地和劳动实践基地，创新形成校校联合、校企联合、政校联合的育人实践基地，为拓展育人渠道和途径提供了平台和条件，为立德树人全面贯穿教育教学的全领域和全过程提供坚实保障。同时，打造建设一支为党育人、为国育才的高素质教师队伍，使思想政治教育从思政课教师“专人”转向所有课程教师“人人”，从而保证在各类课程教学中润物无声地植信念、播信仰、触灵魂、修德行，确保立德树人落地落实、见功见效。

（三）构建育人质量评价体系，切实提升立德树人育人成效

本研究旨在构建一个由第一课堂质量评价体系、第二课堂质量评价体系和教师、学生层面评价指标构成的质量评价体系。一方面，通过质量评价检验育人成效；另一方面，通过建立信息反馈机制，为育人体系提供有据可循、切实有效的优化方案，切实提升立德树人育人成效。

四、研究内容

（一）构建高职院校“立德铸魂、以劳树德”育人体系

立德树人，是高校的根本使命，也是其立身之本。贯彻落实立德树人根本任务，就是要充分发挥思政课程的关键作用，牢固确立课程思政的战略地位，深入挖掘劳动教育的重要功能，构建一个以立德树人为目标的“立德铸魂、以劳树德”育人体系。具体而言，这个育人体系由将思政课程、课程思政、劳动教育融入专业建设的第一课堂课程体系和第二课堂项目体系，高素质师资队伍，将思政课程、课程思政、劳动教育进行融合的实践基地构成的保障体系，以及一个层层递进、环环相扣的科学、合理、定性的质量评价体系组成。立德树人目标通过课程体系和项目体系，全面覆盖第一课堂和第二课堂，层层落实；通过高素质教师队伍和实践基地建设，拓展育人渠道和途径，全面贯穿教育教学的全领域和全过程；通过质量评价体系，检验立德树人工作成效；通过建立诊改信息反馈，优化完善育人体系，形成闭环效应，切实提升育人成效。

具体而言，将“立德树人”教育目标纵向贯穿第一课堂，构建全覆盖课程体系的具体路径为：以专业群建设为抓手，将思政课程、课程思政、劳动教育课程目标主动融入专业群建设目标，以此为据，动态优化专业群人才培养方案，重构专业群课程体系，分解建设目标，确定建设内容，从而结合专业特点分类推进，确保目标落细落实。将“立德树人”教育目标横向贯通第二课堂的具体路径为：根据第二课堂的多样性、丰富性和灵活性，以项目为抓手，将思政课程、课程思政、劳动教育课程目标融入文化活动、志愿服务、知识讲座和劳动服务四个项目，根据项目具体形式，分解建设目标，有机融入，提高实效。

（二）创新建设保障体系

高素质教师队伍是高校育德育才的“主力军”，更是教育质量保障的核心要素。打造高素质教师队伍，要以习近平总书记提出的“三为、六要、八统一”为遵循，做新思想的坚定信仰者，主动将“他育”与“自育”相结合，

不断提升育德意识和育德能力。同时，统筹校内、校外多方面资源建立育人实践基地，为拓展育人渠道和途径提供平台和条件，为立德树人全面贯穿教育教学的全领域和全过程提供坚实保障。

具体而言整合马克思主义学院实践基地、成都工贸职业技术学院（成都市工匠文化研究中心）、党建与思政洛带实践基地、成都市融创产教软件园等现有的思政实践基地及其专业实践基地和劳动实践基地资源，形成校校联合、校企联合、政校联合的综合育人实践基地，通过进一步优化体制机制建设，有机融入、共管共享，切实发挥育人基地作用。

（三）创新建设质量评价体系

质量评价体系是立德树人育人体系的重要组成部分。本研究基于 OBE 理念，充分考虑了立德树人成效的潜在性、综合性和发展性，探索构建了由第一课堂、第二课堂和教师、学生层面评价组成的综合评价体系。

1. 第一课堂评价体系构建路径

呼应第一课堂课程体系的纵向贯穿思路，打造了以“专业建设—课程建设—课堂教学”层层深入、环环相扣的质量评价指标。如专业建设的一级指标“人才培养定位”由三个二级指标构成，而这三个二级指标则在该专业的“课程建设”和“课堂教学”中对应体现。也就是说，“课堂教学”指标的实现是为了达成“课程建设”指标，最终实现“专业建设”指标。

2. 第二课堂评价体系构建路径

呼应第二课堂项目体系的横向贯穿思路，根据第二课堂项目模块和活动类别，结合具体项目形式，特别是考虑到第二课堂德育融入的潜在性和多样性问题，确定以考评活动本身的达成度和学生主体的满意度、获得感为主要维度的评价指标。

3. 教师、学生层面评价指标构建路径

教师是课程思政的主导方也是实施者，学生是课程思政的主体也是受益者，课程思政的最终目标就是实现“师生相长”。对教师层面的评价主要通过自评和互评的方式，对学生层面的评价要充分考虑课程思政成效的潜在性和

多面性，采取自评+互评+教师评价（含专业教师、思政教师和辅导员老师）相结合的方式展开。

五、特色创新

（一）创新构建闭环式育人体系

本研究立足新时代，全面融合思政课程、课程思政和劳动教育育人元素和育人功能，以专业群建设为抓手，全面融入专业建设，通过优化重构课程体系和项目体系建设，全面覆盖第一课堂和第二课堂。同时，为保障课程实施，创新构建由高素质教师队伍和校校、校企、政校育人实践基地共同组成的育人保障体系；为保障课程质量，创新构建由第一课堂、第二课堂、教师和学生层面评价三部分组成的质量评价体系，在保障体系中实现立德树人的层层落实，在质量评价中检验立德树人成效的达成情况。但是，评价不是目的，更不是终点。运用诊改理念，建立信息反馈机制，为育人体系提供有据可循、切实有效的优化方案，真正形成一个全方位、全过程、闭环式育人体系。

（二）创新打造立德树人“目标链”与“标准链”

本研究基于 OBE 理念，以专业群建设为抓手，创新打造了“专业群建设（确定目标）—专业课程体系构建（分解目标）—课程建设（落实目标）”逐步分解、环环相扣的“目标链”。同时，为有效呼应“目标链”，项目创新构建了以“专业建设—课程建设—课堂教学”为逻辑主线，层层深入、相互呼应的质量评价“标准链”。同时，还设置了教师和学生两个层面的评价指标和评价点，助推协同育人体系的高质量运行，为提升育人实效提供坚实保障。

成都职业技术学院创新“三课联动”教学模式，打造“行走”的思政课堂①

成都职业技术学院以习近平新时代中国特色社会主义思想为指导，全面贯彻落实习近平总书记“七一”重要讲话精神和《教育部关于加快构建高校思想政治工作体系的意见》中关于“加强党史、新中国史、改革开放史、社会主义发展史融入高校思想政治理论课”的重要精神，依托学校思政特色平台和新时代思政教育基地，有机融合虚拟现实、线上线下、校内校外资源，以“行走的思政课堂”为主线，构建“体验、理论、实践”三大特色课堂，致力解决高职院校学生对思想政治理论课兴趣不高、理论思维能力和社会参与能力较弱等问题，加强思政与专业融通、课堂与社会融通、知识与价值融通，实现党史教育与思想政治教育的双融合。

一、运用虚实结合的红色资源，构建历史情境再现的体验课堂

为认真贯彻落实习近平总书记关于“要运用新媒体新技术使工作活起来”的重要论述精神，校企合作开发“成都战役”“红军长征在四川之飞夺泸定桥”“彝海结盟”等，开设校本特色思政虚拟仿真体验课程，将学生 VR 沉浸体验和教师思想政治理论教育有机融合，重现革命年代战士们浴血斗争的悲壮场景，激发学生学习动机、增强学习体验、创设心理沉浸感，把用“心”学习变为“身心”并用，使学生在可感知、可触摸、可体悟的仿真体验中感知到革命的艰辛，深刻理解长征精神等革命精神的内涵，增强对党和国家的政治认同。组织学生前往革命历史展馆现场参观，运用丰富的图片、视频、雕塑和文物资源，构建新民主主义革命时期历史情境，在聆听讲解、师生研讨、教师总

① 《成都职业技术学院创新“三课联动”教学模式，打造“行走”的思政课堂》于2021年11月3日发表于中国高职高专教育网，https://www.tech.net.cn/news/show，94987.html。

结等活动中，直观了解近代中国的鲜活史实，加深对近代革命历史事件的认知。

二、聚焦课程核心问题，构建培育学生政治认同的理论课堂

以“问题”为取向作为教材体系向教学体系转化的思路，借助教育部“全国高校优秀中青年思想政治理论课教师择优资助计划”等课题，聚焦“中国共产党为什么能取得革命胜利”这一核心问题，调研发现学生思想理论困惑点，并依据“为何要革命”“怎么去革命”“如何去传承”三大逻辑主线，确定理论课堂教学的问题链。课堂中开展案例分析、课堂辩论、角色扮演、小组讨论等系列活动，解决“为什么要革命、革命对象是谁、谁来领导革命、谁来推动革命、革命道路怎么走、革命经验是什么”等系列理论问题，带领学生以诵读诗篇、唱红歌等多种方式，在感悟“红船精神、井冈山精神、长征精神、遵义会议精神”等系列革命精神中，深刻揭示革命时期“中国共产党为什么能”的理论逻辑和精神实质，厘清中国共产党革命时期精神谱系发展的“路线图”，激励学生继续发扬红色传统、赓续精神血脉，引导其牢固树立中国特色社会主义道路自信、理论自信、制度自信和文化自信，实现课程铸魂育人目的。

三、依托课内外联动，开展增强学生责任担当意识的实践课堂

在实践课堂中，以“红船精神、井冈山精神、遵义会议精神、长征精神和抗美援朝精神”等系列精神为主题，分小组开展“党史故事青春说”系列主题活动，并组织学生进行课堂宣讲活动汇报。学习小组根据课程授课进度，在思政课教师和专业课教师指导下设计宣讲形式、准备宣讲内容，前往社区开展宣讲，用青春之声讲好中国共产党人精神谱系中蕴含的精神伟力和时代价值，并从中汲取奋进力量，同时推动党史学习教育深入群众、深入人心。宣讲结束后，学生回到课堂对宣讲情况、收获感悟及社区反响进行汇报，教师总结引导学生深入理解建党精神的科学内涵和深远意义。通过理论课堂“悟精神”、实践课堂“讲精神”的课内外联动，解决党史教育中青年们如何用实际行动去传承革命精神的问题，锻炼和提高学生团队协助、策划创新等职业能力，增强其建功新时代的责任感和使命感。

强化四个关键环节，打好疫情防控思政新战役[①]

岁末年初，春寒料峭，新冠肺炎疫情突如其来，迅速蔓延，湖北告急，全国疫情紧急。党中央高度重视，果断决策、科学部署，一场全民动员、全员参与、众志成城的疫情防控的人民战、阻击战、总体战迅速打响。教育部、各省、市教育主管部门发出通知，对疫情肆虐下的教育进行部署，教育部社科司也印发了《新冠肺炎疫情防控期间高校思想政治理论课教学组织工作规程》的通知，要求各高校切实提高政治站位，按照“停课不停教、停课不停学”的工作要求，采取有效措施，精心组织，做好疫情防控期间的思政课教学工作。思想政治理论课是思想政治教育的主渠道，是立德树人的关键课程、灵魂课程，在铸魂育人中理应承担更大责任。在新冠肺炎疫情防控的特殊时期，高校思政课教师要以习近平总书记关于做好新冠肺炎疫情防控工作的重要讲话与指示精神为基本遵循，以习近平总书记关于教育工作重要论述精神为指南，强化高校思政课建设的四个关键环节，打好新冠肺炎疫情防控中思政课教学改革创新的特殊战役，建设铸魂育人“抗疫”金课。

一、强化使命担当，传播中国好声音

思想政治理论课是一门集思想性、政治性和理论性于一体的铸魂育人课程，具有鲜明的政治导向功能和强烈的意识形态属性，是帮助学生健康成长的有情感、有温度的课程。思政课教师是马克思主义理论的研究者和传播者，是党的意识形态和方针政策的阐述者和教育者，是用习近平新时代中国特色社会主义思想铸魂育人的中坚力量。新冠肺炎疫情发生以来，以习近平同志为核心的党中央高度重视，作出重要批示，部署疫情防控工作，发挥中国共产党总揽全局、协调各方的领导优势和社会主义制度优势，汇聚全国资源，采用最全面、最严格、最彻底的防疫措施，坚决打赢疫情防控的人民战争、总体战和阻击战。战“疫”期间，我们见证了雷神山、火神山医院建设的中

① 《强化四个关键环节，打好疫情防控思政新战役》于 2020 年 2 月 19 日发表于人民网公开课，http：//mooc.people.cn/n1/818?from=groupmessage&isappinstalled=0。

国速度，看到了力保患者“应收尽收、应治尽治”的执政情怀，见证了救援物资和救治资源齐聚武汉、驰援湖北的中国力量，彰显了我国“集中力量办大事”的制度优势。病毒没有国界，生命重于泰山。战“疫”一开始，我国就公开透明地向国际社会通报疫情信息，努力阻止疫情在全球扩散，彰显大国责任和大国担当。世界卫生组织多次高度赞赏中国的负责任态度，充分肯定中国的果断有效的抗疫措施。自媒体时代，舆论风起云涌，一些别有用心的敌对势力和敌对分子唯恐天下不乱，造谣生事，导致各种鱼龙混杂的信息充斥网络，真假难辨。大疫当前、国难当头，思想稳则人心稳，人心稳则大局稳，大局稳则社会稳。高校思政课教师必须切实提高政治站位，增强政治自觉，发挥自身理论优势，站在思想舆论的最前沿，利用微信、QQ、抖音、微信平台等社交新媒体和网络教学新阵地，积极宣传党的政策和声音，宣传疫情防控的科普知识，敢于亮剑，善于发声，传播中国好声音。以习近平总书记关于新冠肺炎疫情防控工作的重要讲话和指示精神为基本遵循，强化显政，把握主导，占据主动，坚定战胜疫情信心，壮大网上正能量，有效影响国际舆论。引导学生增强“四个意识”、坚定“四个自信”、做到“两个维护”，理性认识疫情，科学做好防护，明辨是非，不信谣、不传谣，自觉维护社会稳定大局。

二、强化内容创新，讲好抗疫好故事

在这场新冠肺炎疫情防控阻击战中，每天都发生着生动体现党的执政初心、体现制度优势、彰显中国精神的感人至深的抗疫好故事，我们每天都感悟着“党中央殚精竭虑、各地各部门联防联控”的制度优势，每天都体验着“一方有难、八方支援”的中华民族的爱国基因，每天都见证着“主动请缨、援鄂医疗”的美丽逆行者。特殊时期的思政课，如何强化内容创新，按照“八个相统一”要求，讲好抗疫好故事，打好思想政治理论课改革创新的新战役，提升教学亲和力和实效性，是每一位思政人的神圣使命。准确把握党中央关于新冠肺炎疫情防控的要求和决策部署，加强相关政策解读，及时将党中央重大决策部署、各地区各部门联防联控措施与成效贯穿融入思政课教学中，是讲好思政课的有力支撑。讲事实、摆道理，教育引导学生更加坚定在党中央的坚强领导下，众志成城、同舟共济打赢疫情防控人民战争、总体战、阻击战的信心和决心，增强中国特色社会主义道路自信、理论自信、制度自信、文化自信。充分挖掘并及时将防疫抗疫中涌现出的先进人物、典型事迹作为教学案例和鲜活素材融入思政课教学，强化价值引领和文化浸润，引导学生坚定中国特色社会主义文化自信，增强文化自觉，培育和践行社会主义核心价值观。在讲授“同舟共济、携手战疫”的“一省包一市”的对口支援方式时，引导学生理解中国之治的智慧和中国精神；在讲授“风雨兼程、十天十夜”建成专门救治医院时，引导学生感悟中国速度与中国力量；在讲授“联防联控、群防群控、下沉社区、精准到户”的防控体系时，引导学生感悟国家治理体系和治理能力的特点和优势；在讲授钟南山院士、李兰娟院士义无反顾奔赴抗“疫”战场时，引导学生感悟家国情怀，理解“科学防控、中国脊梁”和真正的“大国重器”，引导学生树立科学的价值观和人生观，不做精致的利己主义者；在讲授“救死扶伤为己任、主动请缨赴武汉”的“最美逆行者”成职毕业生王坤、唐鑫元的医者仁心时，引导学生以学长为榜样，强化“天下兴亡、匹夫有责”的使命担当。以事析理，以理服人、以情动人，用身边鲜活故事讲述枯燥深奥的理论，能够提升思想政治理论课的亲和力和实效性。

三、强化方法创新，提升课程亲和力

“停课不停教、停课不停学”是教育工作者在面对疫情时的庄严承诺，“因事而化、因时而进、因势而新”是高校思想政治工作的时代要求。新冠肺炎疫情防控的特殊时期，为创新思政课教学模式，创新思政课教学方式方法，适应“停课不停教、停课不停学”的新形势、新要求，各高校制订了延期开学的工作方案、思政课网络教学的实施方案，并收集丰富网络教学资源。有些学校设计了《共克时艰，抗击疫情》《在沉思中守候春天》《战“疫”，我们在一起》等专题思政课教学资源，并精选熟悉网络教学平台，学习提高网络教学直播技术。在网络直播教学的同时，充分利用在线慕课、在线开放课程教学资源，如成都职业技术学院将录制的 120 个思政微课资源上传到学校在线精品课程专题网站，并将某些兄弟院校的慕课链接到学习平台，供学生拓展学习，同时采用“云班课”教学平台进行网络教学。利用微信平台、微信群、QQ群等社交工具，推送各种教学资源和疫情防控信息，实现对学生的价值引领，如成都职业技术学院依托“明德 e 堂”思想政治理论教育主题微信公众平台，推送党中央、国务院和省市疫情防控的重要讲话、指示精神和决策部署等信息，把战胜疫情的信心传递给学生；推送各级教育行政主管部门对疫情防控的教育教学工作要求和学校延期开学，以及“停课不停教、停课不停学”的相关工作安排，让学生安心、暖心；转发《20个关于新型冠状病毒的真相》《必看，新冠肺炎的30个真相》等科普文章，引导学生崇尚科学，敬畏自然；师生联动录制《成职榜样——主动请缨，援鄂医疗，致敬两位“男”丁格尔》《线上学习资源礼包来袭，宅在家里也能学》《这些插画海报，看哭了我》《武汉加油，成职学子为武汉写祝福语》《点一盏心灯，愿人间安康》等教师指导、学生策划、学生参与的“思政课战疫小课堂”教学视频，培养学生爱国情怀。新冠肺炎疫情防控期间，利用微课资源、微平台和云教学手段，强化思政课的教学方法创新、手段创新，让新冠战“疫”中的思政课有情感有温度，很暖心很贴心。

四、强化机制创新，共建共享好资源

“停课不停教、停课不停学”是思政课教师的庄严承诺，也是对思政课教师的严峻挑战。但思政课教学工作量大、覆盖面广，教师信息化教学水平和能力也参差不齐，在短短的时间内，要求每位教师要像网络主播一样进行直播教学，难度不小，压力不轻。网络直播教学如何进行教学组织和教学管理？疫情防控下如何保证教学进度和教学质量？这是我们打好疫情防控中思政课教学改革创新特殊战役迈不过去的坎，必须有效解决。面对准备时间紧、组织教学难、直播技术不熟练的难题，我们要创新网络集体备课机制，发动教研室全体教师群策群力收集教学素材，编制教学方案，共建共享教学资源；要创新远程技术培训指导机制，帮助教师选择合适的网络教学平台，聘请专家对教师进行有针对性的网络直播技术培训，提高网络教学能力；要创新教学组织管理机制，加强教师网络教学的动态反馈和激励，增强教师网络教学的信心。通过创新网络集体备课机制、教师远程技术培训指导机制和教学组织管理与激励机制，群策群力，聚智聚力，建设铸魂育人“抗疫金课”。